STATT EINER EINLEITUNG

Im November 1992 erschien ein zorniges «Manifest», in dem neun Autoren die Probleme, die Deutschland befallen haben, benennen und den Versäumnissen und Unzulänglichkeiten nachspüren, die zu ihrer Entstehung geführt haben: «Weil das Land sich ändern muß». Die Autoren waren damals Marion Dönhoff, Meinhard Miegel, Wilhelm Nölling, Edzard Reuter, Helmut Schmidt, Richard Schröder, Wolfgang Thierse, Ernst Ulrich von Weizsäcker.

In diesem Jahr ist auf Initiative von Marion Dönhoff ein zweites Manifest entstanden, das sich mit der quälenden Frage beschäftigt: Sollen der Versuch, die Vergangenheit der ehemaligen DDR zu bewältigen, und die Nachforschungen nach «Stasi-Versippten» ad infinitum fortgesetzt werden?

Diesmal durchleuchten sechs Autoren dieses Problem, drei Ostdeutsche: Friedrich Dieckmann, Friedrich Schorlemmer, Richard Schröder, und drei Westdeutsche: Peter Bender, Marion Dönhoff, Uwe Wesel. Der polnische Publizist Adam Michnik beschreibt, wie Osteuropäer sich gegenüber diesen Fragen verhalten, und zwei kurze Beiträge von Rudolf von Thadden und dem Spanier Heleno Saña erläutern, wie Frankreich nach Napoleon und Spanien nach Franco mit ähnlichen historischen Krisen fertig geworden sind.

Marion Dönhoff/Peter Bender/
Friedrich Dieckmann/Adam
Michnik/Friedrich Schorlemmer/
Richard Schröder/Uwe Wesel

EIN MANIFEST II

WEIL DAS LAND VERSÖHNUNG BRAUCHT

Rowohlt

1. Auflage September 1993

Umschlaggestaltung Walter Hellmann
Gesetzt aus der Times (Linotronic 500)
Gesamtherstellung Clausen & Bosse, Leck
Printed in Germany
ISBN 3 498 01299 1

Inhalt

Vorwort

Marion Gräfin Dönhoff

Drei Jahre sind vergangen, seit Deutschland wiedervereinigt wurde. Aber in diesen drei Jahren hat mehr gegenseitige Entfremdung der beiden Teile eines Ganzen stattgefunden als in den 40 Jahren zuvor. Warum?

Wenige hatten vorausgesehen, daß die große und echte Freude der Wiedervereinigung kein Dauerzustand sein würde. Das Verschwinden der Mauer nach fast drei Jahrzehnten ließ andere Mauern um so sichtbarer werden. Seit 1990 wurde immer deutlicher, daß die Deutschen während der letzten vier Jahrzehnte in grundsätzlich verschiedenen Welten gelebt haben.

Verschieden waren die Wertsysteme, der *way of life*, die Ziele, die gesellschaftlichen Strukturen und das Alltagsklima... Ein besonders schwerwiegender Grund für die Entfremdung der beiden Teile Deutschlands ist deren Integration in zwei feindliche Militärallianzen gewesen, die sich gegenseitig im Ausmalen immer abschreckenderer Feindbilder überboten.

Für die Ostdeutschen kommt eine doppelte Enttäuschung hinzu: Jahrelang war ihnen eingeredet worden, sie gehörten zu den zehn führenden Industrienationen der Welt, sie seien die Avantgarde des östlichen Lagers und der fortschrittlichste aller deutschen Staaten, den es je in der Geschichte gab. Aber dann erwies sich dies alles als Lug und Trug. Es zeigte sich, daß die Infrastruktur verrottet war, die Industrie veraltet, die Umwelt ruiniert.

Der zweite Schock folgte auf dem Fuß: Nach der Wende verbesserten sich die Lebensbedingungen nicht schlagartig, wie Bonn versprochen und wie manche gehofft hatten. Im Gegenteil: Ein Jahr verging, zwei, sogar drei – und für viele wurde es kontinuierlich schlechter: Die reale Arbeitslosigkeit beträgt heute über 30 Prozent, die Preise und Mieten steigen ständig, es gibt mehr Insolvenzen und weniger soziale Sicherheit. Gewiß: mehr Freiheit, aber was zählt das schon für diejenigen, deren Existenz bedroht ist? Unter solchen Umständen verliert die Freiheit ihren Glanz.

Die Entfremdung wurde noch beschleunigt durch die Ungeduld der anrückenden Westdeutschen, die nicht begreifen können, daß ihren Landsleuten solche Selbstverständlichkeiten wie Kosten-Nutzen-Rechnungen oder Marketing-Überlegungen fremd sind. Sie – die Westdeutschen – kaufen Fabriken, die sie dann gelegentlich stillegen, um sich ihrer östlichen Konkurrenz zu entledigen; Grund genug für die arbeitslos gewordene Belegschaft, sie als Ausbeuter zu betrachten.

Schließlich hat sich bei uns, den Westdeutschen, offenbar unangefochten die Vorstellung eingenistet, daß alles in der ehemaligen DDR von Grund auf schlecht war. Es wird vergessen, daß die Bürger sich, so gut sie konnten, in dem Prokrustesbett des Systems eingerichtet hatten, daß sie gelebt, gearbeitet und gelegentliche Freuden genossen haben, wie dies unter anderen Umständen in anderen Ländern auch geschieht. Jetzt beginnt bei einigen Ostdeutschen die Unsicherheit, die sich zunächst als Ärger Luft gemacht hatte, in konstante Abwehr, Depression oder gar in Haß umzuschlagen – der Tag mag nicht mehr fern sein, an dem viele Ostdeutsche finden werden: «Eigentlich war es früher gar nicht so schlecht.»

Vor solchem Hintergrund gewinnt das Problem der Vergangenheitsbewältigung, reduziert auf «Ent-Stasifizierung», eine besondere Bedeutung. Wenn auch dieses Bemühen ins Gegenteil umschlagen sollte, dann wird die Versöhnung zwischen Ost- und Westdeutschen nicht zehn Jahre brauchen, sondern ein bis zwei Generationen. Grund genug, präzis und nachhaltig darüber nachzudenken, was zu tun ist.

Zunächst einmal: Man darf die Verbrechen, die begangen wurden, weder ignorieren noch beiseite schieben. Niemand, dessen Bruder, Sohn oder Vater umgebracht, gefoltert oder jahrelang in Stasihaft oder Zuchthäusern geschunden wurde, kann dies je vergessen; auch die nicht, die am eigenen Leib die Arroganz der Macht oder die Brutalität vertierter Wächter, beispielsweise im «Gelben Elend» in Bautzen, erleiden mußten. All diese Verbrechen müssen genannt, der Allgemeinheit bewußtgemacht und verfolgt werden – nur muß unter Wahrung rechtsstaatlicher Maßstäbe darüber nachgedacht werden, auf welche Weise dies geschieht.

Drei rechtsstaatliche Grundsätze müssen eingehalten werden:

1. Nur Handlung, nicht Gesinnung wird bestraft
2. Maßgebend kann nur das damals in der DDR gültige Strafrecht sein
3. Die individuelle Schuld des einzelnen muß nachgewiesen werden.

Natürlich müssen Kriminelle bestraft und Führungseliten ausgewechselt werden – aber es ist Unsinn, daß ein ehemaliger Stasi-Mitarbeiter, der heute bei der Straßenreinigung arbeitet, entlassen wird.

Natürlich muß ein Götz Schlicht, der als Doktor Lutter jahrelang im Lager Marienfelde die Berichte von den in die Bundesrepublik übergewechselten DDR-Bürgern an die Stasi lieferte, vor Gericht gestellt werden. Darüber besteht kein Zweifel, denn in vielen Fällen hat er den zurückgebliebenen Verwandten schweren Schaden zugefügt. Niemand, der strafbare Handlungen begangen hat, keiner, durch den Mitbürger Schaden erlitten haben, darf straffrei bleiben.

Wir müssen uns über zwei Dinge klarwerden: Was will man erreichen? Und was kann man erreichen? Nicht erreichen kann man die Aufarbeitung der Taten eines Unrechtsstaates mit rechtsstaatlichen Mitteln; abgesehen davon, daß Regierungskriminalität und staatliche Unterdrückung strafrechtlich ohnehin kaum zu erfassen sind. Rückwirkend die heutigen demokratischen Maßstäbe an jene Zeit anzulegen ist unzulässig (nulla poena sine lege), es wäre auch ungerecht.

Der Richter Rainer Lips hat in der Urteilsbegründung im Verfahren gegen Hans Modrow, den letzten Ministerpräsidenten der DDR-Umbruchsphase, die Meinung vertreten, ein Strafprozeß sei nicht dazu da, die Geschichte aufzuarbeiten, sondern diene ausschließlich der «Anwendung materiellen Rechts». Dazu gehöre vor allem die Schaffung des «Rechtsfriedens». Von diesem Rechtsfrieden, so muß man feststellen, sind wir heute weiter entfernt als vor drei Jahren.

Lips hat ferner darauf verwiesen, daß wegen der strengen Parteidisziplin und des «demokratischen Zentralismus», der keine Abweichung von den Vorgaben der Parteidoktrin erlaubte, die meisten Täter zugleich Opfer gewesen seien. In der Tat war in das Unterdrückungssystem sowohl der Nazis wie der Stasis eine solche Doppelrolle quasi eingebaut. Die vielen Hunderttausende von Helfern, deren sich dieses Regime bediente, waren nicht eo ipso Verbrecher. Nur eine Minderheit fühlte sich von Macht- und Gewaltausübung angezogen. Die Mehrheit bestand aus normalen Kleinbürgern, die vermutlich unter anderen Umständen ihren alltäglichen Aufgaben pflichtgetreu nachgegangen wären.

Warum sollten sie, nachdem ein Teil ihres Lebens verpfuscht wurde, und zwar nicht durch eigene Schuld, sondern sozusagen umständehalber – warum sollten sie nun auch für den Rest ihres Lebens gebrandmarkt werden? Sie wären sicher bereit, dem neuen Staat loyal zu dienen, wenn dieser sie akzeptierte. Die Fähigkeit, auch in der Demokratie für ihr Land zu wirken, kann man ihnen doch nicht einfach absprechen. Warum also sollte man die Betreffenden in Verbitterung und Opposition treiben? Wäre es nicht viel gescheiter, sie auf etwas Nützliches anzusetzen? Viele von ihnen sind für den Aufbau unentbehrlich.

Individuelle Schuld ist also beim Bürger nicht nur außerordentlich schwierig, sondern eigentlich unmöglich zu messen, weil niemand eine Norm dafür zu setzen weiß, wo die Grenze verläuft zwischen Ertragen und Widerstehen, zwischen Anpassen und Opponieren, zwischen Wegschauen und Wissenwollen.

Man darf nicht vergessen, daß das System der Überwachung in der DDR so allumfassend war wie in keinem anderen autoritären Staat. Wer studieren wollte oder nach Ruhm und höherem Verdienst strebte, mußte sich anpassen, denn die grandiosen Zusicherungen «Recht auf Bildung» und «Recht auf Arbeit» galten im allgemeinen nur für die Loyalen, die Angepaßten, nicht für Abweichler, nicht einmal für Gleichgültige.

Eine Kategorisierung der Bevölkerung in Hauptschuldige, Minderbelastete und Mitläufer – was viele Ordnungsfanatiker wahrscheinlich erstreben – ist nicht möglich; man kann nicht ein ganzes Volk durchleuchten. Man kann auch nicht das, was 100000 offizielle Stasi-Mitarbeiter und wahrscheinlich 100000 nicht-offizielle in 40 Jahren (und in 180 km Aktenordnern) zusammengetragen haben, mit dem Ziel durcharbeiten, Gerechtigkeit zu schaffen. Wenn also keine individuelle Schuldermittlung möglich und eine generelle Bewältigung der Vergangenheit nicht erreichbar ist, was kann dann das Ziel sein, auf das wir uns konzentrieren sollten?

Das Ziel muß sein, nicht individuell Belastete zu *er*mitteln, sondern kollektive Einsichten zu *ver*mitteln. Einsichten in das Funktionieren jenes abgefeimten Unterdrückungssystems mit seinem Psychoterror, den Belohnungen für Denunzianten, den geheimen

Entführungs- und Mordaufträgen und einem überaus feinverzweigten Überwachungsapparat. Der Effekt müßte im großen etwa dem eines Seminars entsprechen, das Maßstäbe für politisch-moralisches Verhalten zu setzen versucht.

Das Ziel muß sein, abzuschrecken von allen autoritären Machtmitteln und allen Bürgern die Einsicht zu vermitteln, daß sie den Anfängen wehren müssen, weil am Anfang das Widerstehen noch verhältnismäßig ungefährlich ist und der Erfolg am ehesten gewährleistet wird.

Das Ziel muß sein, den Sinn für Liberalität und Toleranz zu wecken. Denn es geht ja nicht um einen manichäischen Kampf zwischen Gut und Böse, es geht vielmehr darum, auf pragmatische Weise ein Klima zu schaffen, in dem ethisch-politische Aspekte gedeihen können und dem Bürger das Gefühl gegeben wird, Gerechtigkeit sei gewährleistet, auch wenn nicht aufgerechnet und endlos in der Vergangenheit herumgestochert wird.

Resümee: Angesichts der zeitlichen Unabsehbarkeit der Teilung Deutschlands sah die Mehrheit der DDR-Bürger nur zwei Möglichkeiten:

sich anzupassen, zu schweigen, versuchen zu überleben, *oder*:

keine Kompromisse einzugehen, isoliert zu werden und zu leiden.

Auch für die BRD gab es nur zwei Moglichkeiten:

Feindbilder zu errichten, Spannungen aufrechtzuerhalten und Begegnungen zu meiden, *oder*:

Kontakte zuzulassen, partielle Kompromisse zu

schließen und ein Arrangement zu suchen, das die Teilung erträglicher macht.

Also, Politik der Stärke oder Entspannung. Wenn Breschnew oder einer seiner beiden unmittelbaren Nachfolger noch weitere Jahre an der Spitze geblieben wären, hätte uns die Politik der Stärke nicht viel geholfen. Erst als Gorbatschow die Herrschaft übernahm und mit seinem «Neuen Denken» auf Entspannung, also auf eine fundamentale Änderung der Politik umschaltete, kamen die Dinge in Fluß.

Vielleicht sollte man auch bei der Handhabung der Stasi-Probleme «Entspannung» walten lassen. Die bisherige, rigorose Politik hat nur Frustration gezeitigt, eben weil sich Opfer und Täter häufig in der gleichen Kategorie wiederfanden. Niemanden kann es befriedigen, daß junge Mauerschützen, die sich mitschuldig gemacht haben, sofort verurteilt wurden, während die eigentlichen Führer jenes perfiden Systems wegen Verhandlungsunfähigkeit bisher ohne Verurteilung davongekommen sind.

Leider ist es nicht gelungen, den Mißbrauch von Akten auszuschließen. Daß die Polen ihre Akten gleich 1989 versiegelt haben, war nicht Feigheit, sondern Weisheit. Wenn wir den Handel mit diesen Dokumenten nicht auf irgendeine Weise stoppen, werden wir noch im Jahr 2000 mit Enthüllungsskandalen in Atem gehalten werden. All diese Überlegungen führen zu der Erkenntnis: so kann es nicht weitergehen.

Nichts kann uns von der Vergangenheit erlösen – es gibt keine «Vergangenheitsbewältigung» –, die Zukunft aber kann nur durch Aussöhnung, nicht durch Abrechnung oder Rache gewonnen werden.

Ein Beichtstuhl auf dem Marktplatz wird zum Pranger

Richard Schröder

Verantwortung ist ein Urphänomen menschlichen Zusammenlebens. Sie beruht darauf, daß Menschen jeweils für einen Bereich und ihr diesbezügliches Handeln oder Unterlassen zuständig und dafür rechenschaftspflichtig sind. Thematisiert wird das vor allem dann, wenn Menschen in ihrer Aufgabe versagt haben, so daß Schaden für andere daraus entstanden ist. Sie werden dafür verantwortlich gemacht.

Die einfachste Form von Verantwortung ist die Haftung. Wenn mein Hund den Nachbarn beißt, muß ich für den Schaden aufkommen, auch wenn ich das weder gewollt noch verursacht habe. Ich hafte, bloß weil es mein Hund ist. Schuld muß hier nicht im Spiel sein, moralisch verwerfliches Handeln schon gar nicht. Wo sich Menschen über solche Fragen nicht einigen können, kommt es zum Zivilprozeß, Bürger gegen Bürger. Geregelt wird die Wiedergutmachung des Schadens, mehr nicht.

Bei der strafrechtlichen Verantwortung ist mehr im Spiel. Wo die allgemein bekannten strafrechtlichen

Normen verletzt worden sind, tritt der Staat als Kläger auf, und nur ein Gericht darf entscheiden. Die Bürger dürfen nicht untereinander klären, wie nach einem Mord oder Raub mit dem Täter zu verfahren ist. Das Verbot der Selbstjustiz, die Verstaatlichung der Strafgewalt, ist eine große zivilisatorische Leistung der Menschheit. Auch sie ist aus der Not geboren, nämlich der Erfahrung mit der endlosen Schraube der Blutrache und der Blindheit einer Lynchjustiz. Der Strafprozeß zielt nicht auf Wiedergutmachung gegenüber dem Geschädigten, denn der hat ja keinen materiellen Nutzen davon, wenn der Täter ins Gefängnis kommt. Er hat auch nicht das Rachebedürfnis zu befriedigen, sondern Rache und Vergeltung auszuschließen, weil sie zur Maßlosigkeit tendieren. Die Strafe zielt auf Wiederherstellung der verletzten Rechtsordnung, auf Abschreckung potentieller Täter, vielleicht auch auf Erziehung des Täters, jedenfalls bekräftigt sie die verletzte Norm für die Zukunft. Sie soll dem Rechtsfrieden dienen.

Schon der Strafprozeß, nicht erst die Strafe, ist ein schwerer Eingriff in die Lebenssphäre der Bürger, denn hier wird das Private öffentlich verhandelt. Weil hier der Staat, der doch zuerst für den Schutz der Bürger zuständig ist, *gegen* einen seiner Bürger handeln muß, ist das Strafrecht zwiefach eingeschränkt. Bestraft wird nur, was um des Rechtsfriedens willen auch bestraft werden muß, und das sind immer nur die zuvor als strafbar benannten Handlungen, nicht etwa die Gesinnungen oder Absichten. Und die Strafprozeßordnung formalisiert das Verfahren, indem sie genau vorschreibt, wer richten darf und wie dabei zu verfahren ist.

Diese umständlichen Verfahrensordnungen sind die Lehren aus den fatalen Erfahrungen mit Justizirrtümern. Weil es um die Wiederherstellung der Rechtsordnung geht, darf auf keinen Fall ungerecht verfahren werden. Deshalb gilt: in dubio pro reo, im Zweifel für den Angeklagten, und: nulla poena sine lege, nur was zur Tatzeit galt, darf dem Urteil zugrunde gelegt werden. Es gibt deshalb auch den Freispruch aus Mangel an Beweisen oder den Freispruch aus Mangel an Gesetzen. Der Freispruch ist also keineswegs immer das Zeugnis: «Du hast dir nichts zuschulden kommen lassen.» Um es hart zu sagen: Unmoral, Gemeinheit und Niedertracht beeinträchtigen die bürgerlichen Rechte erst dann, wenn sie zu rechtswidrigen Handlungen geführt haben, und nur deshalb. Gotteslästerung und Ehebruch sind aus guten Gründen keine Straftatbestände mehr, aber dennoch sind beides keine lobenswerten Verhaltensweisen.

Denn es gibt drittens die *moralische Verantwortung*. Sie ist am schwersten zu beschreiben. Nach christlichem Verständnis geht es dabei um das angemessene Verhalten in Verantwortung vor Gott. Das Wort «Moral» verweist auf lateinisch «mores», die überlieferten Sitten. Beides stellt heute für viele in Ost und West gar keine verbindliche Instanz mehr dar. Gott betrachten sie als Fiktion, und überlieferte Sitten werden als gesellschaftlich oder psychologisch bedingt, als bevormundende Fesseln betrachtet, von denen es sich zu emanzipieren gilt. Das Wort «Moral» hat dadurch eine merkwürdige Doppelbedeutung bekommen. Es wird einerseits regelmäßig abschätzig gebraucht («...weil die Moral es so will») für angeblich bloß äußerliche, geistlose Normen und andererseits für einen neuen, echten Maßstab des wahrhaft guten Handelns.

Dies liefert nicht selten auch die Legitimation, die ihrem Wesen nach formalen und «äußerlichen» Normen des Rechts, des Anstands, der Sitten, die ja weithin in Regeln geronnene Erfahrungen sind, als toten Formelkram zu betrachten, den im Namen des intendierten echten und wahren Guten zu durchbrechen für manche geradezu zum Beweis von Geist und Kraft wird. Im Extremfall führt das zur terroristischen Selbstjustiz an den Feinden der Menschheit, genauer an denen, die man dafür hält. Es kommt dann im Namen einer neuen Moral zur Legitimation von Handlungsweisen, die nach einem anderen Maßstab als unmoralisch bezeichnet werden müssen. Denn neben dieser so gefährlichen wie verwirrenden Ideologie der neuen, höheren, authentischen Moral gibt es nach wie vor bei allen Menschen eine *Grunderwartung an das Verhalten ihrer Mitmenschen*. Erwartet wird, daß sie die Regeln einhalten, die ein gedeihliches Zusammenleben mit ihnen ermöglichen. An erster Stelle steht dabei die Erwartung von Verläßlichkeit und Wohlwollen, die Erwiderung des Vertrauens in den menschlichen Nahbeziehungen. Der Grundbestand solcher Erwartungen ist übrigens über Kultur- und Epochengrenzen hinweg erstaunlich konstant. Freunde zu verraten gilt überall als verächtlich. Anders sieht es schon aus bei Gegnern und Konkurrenten. Die provokatorische Forderung Jesu: «Liebt eure Feinde» gilt weithin als unzumutbare Überforderung. Ein humanes Ethos, das an vorchristliche Traditionen anknüpft, fordert aber doch, auch im Gegner oder Feind noch den zu sehen, der ein Mensch ist wie ich selber.

Hier zeigt sich ein weithin akzeptierter moralischer Maßstab: was alle oder die meisten *loben* – keineswegs heißt dies: was alle oder die meisten tun. Jeder erwartet vom anderen in diesem Sinne moralisches Verhalten, zugleich aber ist unter uns, also in einer pluralistischen Gesellschaft, hochgradig umstritten, worin denn exakt die für alle – mit anderen Worten gesamtgesellschaftlich – verbindlichen moralischen Normen, also die moralischen *Pflichten* jeweils bestehen sollen. Es gibt darüber keinen Konsens mehr, das Wort «Pflicht» selbst ist in Mißkredit geraten, obwohl es überhaupt keine Moral geben kann ohne Anerkennung von Ansprüchen, denen ich mich verpflichtet weiß.

Die Verhaltensnormen sind in hohem Grade individualisiert. Nicht nur die Religion, auch die Moral gelten weithin als Privatsache. Daß der moderne Staat weder eine Religion noch eine Moral verordnet, betrachten wir zu Recht als einen Gewinn, der der freien Urteilsbildung zugute kommen kann. Daß Religion und Moral daraufhin in den Bereich des Beliebigen gerückt sind, hängt indirekt (aber nicht notwendig) damit zusammen, ist jedoch keinesfalls ein Gewinn.

Man kann als Konsens zwar noch formulieren: moralisch verhält sich derjenige, der die Lebensmöglichkeiten der anderen Menschen respektiert und möglichst fördert. In einer immer komplexer werdenden Welt, die sich zudem in einem permanenten Wandel bewegt, ist aber die Frage, was denn genau Lebensmöglichkeiten befördert und was nicht, so hochgradig umstritten, daß nahezu alle politischen Fragen als moralische Fragen formuliert werden können. Das potenziert die Auseinandersetzungen und verschärft die

Konfrontationen. Denn moralische Verurteilungen gehen ja nicht nur auf bestimmte Handlungen, sondern auf die Person selbst. Sie treffen deshalb unter Umständen härter und verletzender als ein Gerichtsurteil, das jedenfalls bei Zivilprozessen gar nicht unbedingt die moralische Dimension berühren muß. Weil Menschen nicht nur einen physischen Leib haben, sondern sozusagen auch einen geistigen Leib, nämlich ihren Ruf oder, altertümlich, ihre Ehre, sind sie doppelt verletzlich. Deshalb sind Schädigung des Rufes und Beleidigung Straftatbestände. Menschen können sich aber auf diesem Gebiet ungestraft sehr viel Schlimmes antun.

Das ist schon ein eigentümlicher Widerspruch: diese weitgehende «Enttabuisierung» moralischer Verhaltensrestriktionen auf der einen Seite und auf der anderen die Moralisierung öffentlicher Auseinandersetzungen, also die moralische Diskreditierung des Gegners in der Sache. Eine Auseinandersetzung um Sachfragen zur moralischen Auseinandersetzung umzufunktionieren, bringt den zweifelhaften Vorteil einer «Komplexitätsreduktion». Man muß nicht mühsam um die sachlichen Details streiten oder die Komplexität von Situationen aufschlüsseln, sondern kann sich auf das einfache Schema «gut–böse» zurückziehen, d. h. statt der Taten und Situationen die Person in toto zur Disposition stellen.

Moralisierung von Sachfragen ist eine ebenso bequeme wie wirksame Strategie im Kampf um Anerkennung. Sie befriedigt zudem das Bedürfnis nach Enthüllung zusammen mit dem nach moralischer Selbsterhöhung. Es ist doch so angenehm, andere verachten zu können. Moralische Verurteilungen sind übrigens selten Beiträge zur moralischen Urteilsbildung, weil sie in der emotionalisierten Situation des Kampfes stattfinden, moralische Urteilsbildung aber gerade umgekehrt die kritische Distanz des sistierten Engagements voraussetzt.

Damit haben wir schon das Feld der politischen Verantwortung betreten. Sie ist die Verantwortung für das Gemeinwesen und das Gemeinwohl. In der Demokratie wird den Bewerbern die dazu erforderliche politische Macht, also Entscheidungsbefugnis, durch Wahlen verliehen und entzogen. Insofern sind die Wahlbürger hier das entscheidende Forum dieser Verantwortung. Deren Urteil ist in wesentlicher Hinsicht abhängig von den Medien. Politik wird unter dem Kriterium des Unterhaltungswertes beurteilt, Politiker geraten unter die Zumutung, mit Stars und Kinohelden zu konkurrieren.

Voraussetzung jeglicher Verantwortung sind: Mündigkeit, Handlungsfähigkeit, Orientierungsfähigkeit. Worüber ich keine Macht habe, dafür kann ich auch nicht verantwortlich gemacht werden. Niemand ist für den Sonnenaufgang verantwortlich. Aber hier treten schwierige Grenzfragen auf: Bin ich verantwortlich für das politische System, unter dem ich lebe? Offenbar nur in dem Maße, in dem ich eine reelle Chance habe, darauf Einfluß zu nehmen. Zum Selbstopfer oder auch nur zum Heldentum kann ich nicht verpflichtet sein. Bin ich für meine Sozialisation verantwortlich? Bin ich für meinen Charakter verantwortlich? Hier versagen schnelle Antworten. Um in diesem Sinne «für mich» verantwortlich zu sein, bedarf es offenbar der Fähigkeit, zu mir selbst eine kritische Distanz einzunehmen. Dieses mich in meinem

Tun und Lassen kritisch begleitende Mitwissen meiner selbst heißt seit den Griechen «Gewissen».

Das Gewissen ist kein unverlierbarer Besitz materieller Normen. Es bedarf, um sich bilden zu können, der Offenheit einer intimen Gemeinschaft, in der lebensleitende Überzeugungen besprochen, Lebenssituationen erzählt und reflektiert werden. Daß das, was wir als das Persönlichste und Intimste am Menschen betrachten, sein Gewissen, einer kommunikativen Öffentlichkeit bedarf, um sich bilden zu können, ist nur scheinbar ein Paradox. Wenn das Gewissen nicht auf solchen Wegen Umsicht gelernt hat, wird die Berufung auf das Gewissen sehr schnell bloß zur Legitimation des Eigensinns. In den modernen Massengesellschaften, die vorrangig durch Massenmedien kommunizieren, sind die Möglichkeiten der Gewissensbildung erschwert.

Noch schwieriger sind die Bedingungen für ein umsichtiges, verantwortliches, gewissenhaftes Handeln in einer *Diktatur*. Sie macht den Staat zum bloßen Instrument der Machthaber und namentlich die Justiz zur politischen Waffe der Machthaber gegen die Bürger. Das staatliche Handeln selbst wird rechtswidrig. Die Rechtspflege, d. h. die öffentlichen Gerichtsprozesse und deren öffentliche Diskussion, an der sich das Rechtsbewußtsein der Gesellschaft bildet, wird zum bloßen Herrschaftsinstrument. Die Diktatur unterwirft sich die Öffentlichkeit, und das heißt: sie zerstört sie.

Die kommunistischen Diktaturen waren zudem *ideologische Diktaturen*. Die Macht über die Gehirne, hieß es gelegentlich, sei das Wichtigste. Die öffentliche Sprache war durch und durch konfrontativ, die moralische Diskreditierung der Gegner und die Desinformation wurden mit den hochmoralischen Zielen des Kommunismus begründet. Die neue Moral des Klassenkampfes, nämlich Ergebenheit gegenüber der Partei und der Sache des Sozialismus sowie Unerbittlichkeit und Wachsamkeit gegenüber den Feinden des Sozialismus, verschaffte der herrschenden Klasse und ihren Dienern jenes gefährliche moralische Überlegenheitsgefühl, das direkt zur Unmoral führt.

Die Ideologie beförderte jene Distanzlosigkeit, die offiziell «Parteilichkeit» genannt wurde und in Wahrheit den Spielraum einengte, den das Gewissen braucht, um eine selbstkritische Instanz zu bleiben. Der Feind war bloß ein Ding, ein Hindernis auf dem Weg zum Sozialismus, das beseitigt werden mußte. Es war für nicht wenige Stasi-Offiziere ein Bekehrungserlebnis, als sie nach 1989 die Kollision ihres Feindbildes mit dem Feind persönlich erlebten. Ich behaupte nicht, daß diese Ideologie ihre Anhänger zu Unmenschen gemacht hätte, aber sie hat sie im Namen einer angeblich höheren Moral faktisch zur Menschenverachtung angeleitet. Die Einforderung des «Klassenstandpunktes» trat im Gewand einer moralischen Forderung auf. Für die (nicht sehr zahlreichen) Überzeugten war die Abweichung von diesem Standpunkt, beispielsweise Westsender sehen, mit einem schlechten Gewissen verbunden. Sicher blieben meist Zweifel, und wenn es in einem sozialistischen «Bierlied» hieß: «Wir trinken bis zum Morgenrot, die kleinen falschen Zweifel tot», so darf man dennoch vermuten, daß auch dies nie so ganz gelang.

Noch weniger hatte diese Ideologie zur Folge, daß nun eine Mehrheit der Bürger dies alles für bare

Münze genommen hätte. Die Folge war vielmehr, daß Widerspruch sich nicht deutlich artikulieren konnte. Über viele Dinge und Probleme, die hätten besprochen werden müssen, wurde nur getuschelt. Das Unbehagen, das irgendwie sicher die meisten begleitet hat, wurde von den einen verdrängt («es ist zwar vieles nicht in Ordnung, aber wir haben keine Arbeitslosen, keine Drogentoten...»), von den anderen emotionalisiert – als Grimm im Bauch. Und jedenfalls bewirkte diese Diktatur eine Selbstzensur in verschiedenen Graden. Bestimmte Dinge durfte man nicht ungestraft öffentlich aussprechen. Das erzeugte bei vielen den Entschluß, sie lieber auch nicht gründlich zu durchdenken. Die Verhältnisse waren zwielichtig. Der Preis für Zivilcourage war sehr hoch gesetzt und schwer kalkulierbar. Aus der unwirtlichen Öffentlichkeit haben sich die meisten ins Private geflüchtet, in den Kreis persönlicher Bekanntschaften, der Familie, der Arbeitskollegen, der Kirchengemeinde.

Der Zusammenbruch der Diktatur, den die Bevölkerung selbst gegen die SED und ihren Sicherheitsapparat kräftig befördert hat, war zunächst das Erlebnis einer Befreiung. Doch dann kam die Frage: Wer sind die Schuldigen? Zuerst galten den meisten, viele SED-Mitglieder eingeschlossen, Honecker, Mielke und das Politbüro als die Schuldigen. Modrow hatte zunächst einen beachtlichen Kredit. Aber schon nach der Volkskammerwahl war er so weit verbraucht, daß der Versuch der PDS, ihn zum Volkskammerpräsidenten zu wählen, auf einhelligen Widerstand stieß.

Um den Jahreswechsel 1989/90 sind die Stasi-Quartiere von Bürgerkomitees besetzt worden. Zunächst richtete sich die Empörung gegen die Stasi-Offiziere.

Doch im Laufe des Jahres 1990 wurde immer deutlicher, daß daneben eine Heerschar inoffizieller Mitarbeiter der Stasi gedient hatte. Die ersten beiden spektakulären Fälle – Schnur und Böhme – betrafen gerade zwei Politiker der oppositionellen Bewegungen. Die Volkskammer geriet in Verdacht, von inoffiziellen Mitarbeitern der Stasi durchsetzt zu sein, zwei Jahre später, 1991, geriet die Evangelische Kirche in denselben Verdacht.

Die Schatten der Vergangenheit wurden immer länger. Irgendwann im Jahre 1990 stellte sich das Wort «Vergangenheitsbewältigung» ein. Es war ein Westimport aus den Diskussionen der Achtundsechziger-Generation um die Vergangenheit ihrer Eltern und diente als Name für eine Art von Gesellschaftstherapie. Die von der Stasi Drangsalierten forderten Einsicht in ihre Akten, aber schneller noch bekamen die Medien Akten oder auch nur Hinweise geliefert, zweifellos zumeist von denen, die sie verfertigt hatten. Hinter den Auseinandersetzungen um die Inoffiziellen Mitarbeiter der Stasi gerieten das Stasi-Ministerium selbst und sein Dienstherr, das Politbüro der SED, fast in Vergessenheit. Stasi-Offiziere avancierten zu Zeugen und Sachverständigen im öffentlichen Streit um diejenigen, die zumeist auch ihre Opfer waren, jetzt aber als Haupttäter erschienen.

«Vergangenheitsbewältigung» ist der unpassende Ausdruck für eine *unvermeidliche Aufgabe* nach dem Ende einer Diktatur. Wir versuchen zu beschreiben, was hier unumgänglich nötig ist.

Die nächstliegende Forderung lautet: «Bestrafung der Täter, Entschädigung der Opfer.» Diese Forderung kann nur begrenzt erfüllt werden.

Rechtsstaatlich muß es zugehen, denn sonst setzen wir die alte Krankheit unter neuem Namen fort. Das heißt aber: nur das kann bestraft werden, was auch *unzweifelhaft als persönliche Schuld zuschreibbar* ist. Die Verführung durch die Ideologie an und für sich kann nicht bestraft werden. Sie hat sozusagen anonym gewirkt. Das gesamtgesellschaftliche Klima der Zwielichtigkeit, dem Täter wie Opfer ausgesetzt waren, die Diktatur selbst, kann nicht einzelnen persönlich zugeschrieben werden. Nach dem Ende des Stalinismus wurde das Prinzip der «kollektiven Führung» eingeführt. Das hieß in Wahrheit: jeder hat nur mitgemacht, und keiner will's gewesen sein. Damals nannte man das «Parteidisziplin». Das Kollektiv und «die Partei» fungierten als überpersonale Pseudosubjekte. Das kann diejenigen, die Entscheidungen getroffen haben, zwar nicht von ihrer Verantwortung für diese Entscheidungen entbinden, macht aber die korrekte persönliche Zuschreibung der Schuld an der Diktatur im ganzen geradezu unmöglich.

Auf der *staatlichen Ebene* ist vor allem dreierlei unumgänglich:

- Verbrechen müssen bestraft werden. Wo Menschen schwerer Schaden an Leib und Gut zugefügt worden ist, müssen die Gerichte tätig werden, ebenso bei krimineller Bereicherung. Es geht bei diesen Prozessen darum, daß das Verbrechen im Windschatten der Macht, im Allmachtswahn nicht nachträglich noch triumphieren darf. Dagegen ist die Strafbegründung der Abschreckung potentieller Täter hier zumeist gegenstandslos. Was nur unter den Bedingungen der DDR möglich war, kann sich so gar nicht wiederholen.

Zu diesen Bedingungen zählen die im abgeschotteten Klima verwehrter Öffentlichkeit gedeihende kollektive Verblendung der Herrschenden, die Konfusion der Zuständigkeiten, die staatliche Nötigung oder Überredung zum Vertrauensbruch (die Stasi war ein Ministerium!), die permanente Zumutung der Schönfärberei von oben (Bürgermeister wurden für die Wahlergebnisse ihres Ortes persönlich haftbar gemacht!) und vieles mehr. Was muß geschehen?

- Unrechtsurteile müssen aufgehoben, die Opfer müssen rehabilitiert und in den Grenzen des Möglichen entschädigt werden.
- Diejenigen, die staatliche Aufgaben wahrnehmen, müssen daraufhin überprüft werden, ob sie diese Aufgaben in einem demokratischen Rechtsstaat wahrnehmen können, denn die Bedingungen, die zu DDR-Zeiten den Zugang zu solchen Ämtern ermöglichten, garantieren, gelinde gesagt, diese Voraussetzung nicht. Die Überprüfung muß sich auf die fachliche («Evaluierung»), die politische und allerdings auch auf die charakterliche Eignung erstrecken.

Auf der *gesellschaftlichen Ebene* bedarf es einer gründlichen Diskussion darüber, was sich in der DDR zugetragen hat, denn den Bewohnern der Nischengesellschaft waren ganz Regionen ihres Landes und seiner Geschichte *terra incognita*. Hier entsteht freilich ein Interessenkonflikt. Man kann nicht gleichzeitig eine breite und freie Aussprache über das Gewesene wünschen und zugleich Mittäterschaft und Mitläuferschaft rigide sanktionieren. Die Personalisierung, Moralisierung und Emotionalisierung der Debatte um die DDR-Vergangenheit hat zur Konsequenz, daß eine gelassene Analyse des Gewesenen mindestens sehr erschwert wird. Schließlich muß auf der *persönlichen Ebene* jeder für sich klären, wie er mit seiner Vergangenheit umgeht, am besten im Gespräch mit Vertrauten, möglichst auch im Gespräch mit Betroffenen. Aber dergleichen kann nicht angeordnet werden.

Vieles von dem, was darüber hinaus noch von einer «Vergangenheitsbewältigung» erwartet wird, erweist sich bei näherer Betrachtung als verfehlt.

- Neben den Gerichtsverfahren und dem gesellschaftlichen Diskurs ein *«Tribunal»* einzurichten, das frei ist von den Fesseln, die die Tätigkeit rechtsstaatlicher Gerichte begrenzen, und deshalb effektiver; das nicht nur rechtliche, sondern auch moralische Kriterien anwenden darf – dies ist in Wahrheit der Ruf nach einer Art von Sondergericht, auch dann, wenn es, formal gesehen, nur beurteilt und nicht verurteilt.
- Vergangenheitsbewältigung als *Gesellschaftstherapie* ist eine grundverkehrte Erwartung, weil sie die Ebenen des Gesellschaftlichen und Politischen unter Kategorien der Psychotherapie oder Psychoanalyse deutet. Ich habe Sorge vor der Tyrannei – und sei es auch nur verbale Tyrannei – derjenigen, die sich dann zu unseren Therapeuten erklären und uns den Weg zur gesellschaftlichen Gesundheit führen wollen. In einer pluralistischen Gesellschaft gibt es gar nicht den Konsens über das, was eine «gesunde Gesellschaft» ausmacht. Außerdem wird die Couch, auf den Marktplatz gestellt, zum Pranger.
- Vergangenheitsbewältigung kann auch nicht das Ziel einer *öffentlichen Wiederherstellung der Moral* haben. Umerziehung ist eine diktatorische Katego-

rie. Sie widerspricht dem Grundgedanken einer pluralistischen Gesellschaft und traut der Freiheit nichts zu.

Wir sollten darauf setzen, daß der freie Dialog, neue Erfahrungen miteinander und eine neue Weltoffenheit das ihre bewirken – nicht bei allen, aber doch nach und nach bei vielen. Im persönlichen Umfeld wird man schon merken, ob jemand dazugelernt hat. Sich selbst aber eine moralische Überlegenheit zuzuschreiben und sie öffentlich zur Geltung zu bringen – und das tun ja die, die die anderen einer Umerziehung für bedürftig erklären – hat immer etwas Tyrannisches an sich. Deshalb ist auch die Forderung öffentlicher Schuldbekenntnisse höchst problematisch.

Noch problematischer ist es, auf solche öffentlichen Schuldbekenntnisse hin eine öffentliche Vergebung zu versprechen. Abgesehen davon, daß das eine Einladung zum Lippenbekenntnis ist – wer darf denn hier öffentlich vergeben und wer kann feststellen, daß das Bekenntnis echt ist? Christliche Beichtpraxis ohne Gott ist etwas Inhumanes, und auch der Beichtstuhl auf dem Marktplatz wird zum Pranger. Gesichtsverlust heilt nicht.

- Die Behauptung: *«Wenn wir die Vergangenheit nicht gründlich aufarbeiten, kehrt sie wieder»* ist verkehrt. Vor der Wiederkehr der Diktatur schützen uns die Institutionen der Demokratie und das Ja zur Demokratie, ungeachtet ihrer vielen unschönen Seiten. Die Verachtung der Demokratie lieferte den Nazis wie den Kommunisten die Legitimation für die Diktatur, die, so hieß es, etwas viel Erhabeneres als die häßliche Demokratie zustande bringen werde. Es ist die Verachtung der Demokratie und ihrer Institutionen, die eine Wiederkehr der Diktatur befürchten läßt. Daß Großzügigkeit und Nachsicht DDR-Nostalgie erwecke, ist verkehrt. Sie wird bei den einen durch pauschale Diskreditierung der DDR-Verhältnisse, bei den anderen durch wirtschaftliche Schwierigkeiten befördert und ist jedenfalls gefährlich, weil sie beschönigt.

Die massenhafte Veröffentlichung menschlichen Versagens bringt keine heilsamen Erkenntnisse. Und inwiefern dergleichen der Ausbildung von Zivilcourage zugute kommen soll, habe ich noch nie begriffen.

- Das Ziel einer rückwirkenden *Klärung der zwielichtigen DDR-Verhältnisse* ist im Blick auf diese Verhältnisse selbst berechtigt. Hier sind die Historiker und die Schriftsteller gefordert. Daß diesem Ziel die Ausweitung der Prozesse auf möglichst viele Delikte dienen würde, oder auch nur die Offenlegung möglichst vieler biographischer Details, muß bestritten werden. Prozesse sollten auf die schwerwiegenden Fälle begrenzt werden. Und da wird es schon schwierig genug werden, gerecht zu verfahren. Es gibt die Fälle, in denen klar ist, wer Täter und wer Opfer war. Es gibt aber noch öfter die Fälle, in denen der Täter wiederum Opfer war. Irgendwo waren wir alle zudem Opfer zwielichtiger Verhältnisse. Ich glaube niemandem, daß er im Rückblick auf die DDR mit sich und seinem Verhalten in jeder Hinsicht einverstanden sein kann, auch mir selber glaube ich das nicht. Ehrlichen Westlern wird es in dieser Hinsicht freilich nicht anders gehen.

Wer etwa denkt, die Akten gäben uns die Möglichkeit, nun einmal alles ganz genau zu klären, weiß offenbar nicht, daß solche Akten schnell in die Irre führen können, wenn sie nicht zusammengehalten werden mit anderen Zeugnissen von derselben Wirklichkeit, um die es geht. Die Akten präsentieren eine interessierte Perspektive auf die Wirklichkeit, nicht diese selbst.

- Weder die Gerichtsverfahren noch die Überprüfungen haben die Aufgabe einer gesamtgesellschaftlichen Chancenumverteilung. Es geht das eine Mal um Strafe und das andere Mal um Eignung. Wer zu DDR-Zeiten daran gehindert war, seine Chancen wahrzunehmen, soll sie jetzt wahrnehmen können, also jetzt studieren können, wenn er das zu DDR-Zeiten aus politischen Gründen nicht durfte – und wenn er noch nicht zu alt dafür ist.

Es gibt auch die endgültig verlorenen Chancen. Sie generell durch Geldzahlungen auszugleichen würde nicht nur eine unabsehbare finanzielle Belastung der Gemeinschaft bringen, sondern auch an der Unmöglichkeit eindeutiger Kriterien scheitern. Wie etwa soll der Schaden beziffert werden, der jemandem daraus entstanden ist, daß ihm vor dreißig Jahren aus politischen Gründen der Besuch der Oberschule verwehrt worden ist? Und waren es wirklich immer politische Gründe, die eine Karriere blockiert haben? Statt über verlorene Chancen zu klagen, könnte ein Benachteiligter auch sagen: «Dies war der Preis dafür, daß ich mich nicht habe kaufen lassen, und das lasse ich mir auch jetzt nicht abkaufen.» Ich rede von den verlorenen Chancen, nicht von unmittelbarem Schaden an Leib und Gut. Es kann auch mit dem Opferbonus würdeloser Mißbrauch getrieben werden.

Eine generelle Chancenumverteilung ist eine jener abstrakten Gerechtigkeitsforderungen, die nur durch neues Unrecht verwirklicht werden könnten. Die Forderung, daß diejenigen, die zu DDR-Zeiten Vorteile hatten, nun Nachteile haben sollten, ist nicht gerecht, weil etwas anderes als Schuld, Versagen oder fehlende Eignung zum Anlaß genommen wird, jemandem etwas zu entziehen. Im Spiel sein kann der Neid.

Es ist hart, aber wahr: Nicht jede erlittene Beeinträchtigung von Lebensmöglichkeiten kann auf Erden ausgeglichen werden. Diese Tragik muß ertragen werden. Andererseits: Ist es denn ganz und ausschließlich das Verdienst der Opfer, daß ihre Biographie sie nicht zu Tätern werden ließ?

Wo ist die Grenze zwischen Moral und Nutzen?

Peter Bender

Ostdeutschland ist das einzige Gebiet des früheren Sowjetimperiums, das seine Vergangenheit unter dem Roten Stern nicht allein aufarbeiten muß und kann, denn mit der Vereinigung sind auch die Westdeutschen in die Verantwortung einbezogen. Das hat den Vorteil, daß alles schneller und gründlicher geschieht, denn Westdeutsche können die Prozesse führen, die Tauglichkeit für den Staatsdienst prüfen und die Lükken füllen, die durch die Entlassung ungeeignet erscheinender Ostdeutscher entstehen. Alle anderen exkommunistischen Länder brauchen ihre Fachleute und können sich nur von den höchsten und schlimmsten Vertretern des alten Regimes trennen.

Aber die große Möglichkeit der Deutschen hat auch ihre großen Schwächen. Die westdeutschen Juristen, Beamten und Professoren kennen die gelebte Realität des «realen Sozialismus» nicht aus eigener Erfahrung; auch wenn sie sich Mühe geben, können sie sich nur unvollständig in die Lage der Angeklagten und «Evaluierten» einfühlen, und keineswegs alle geben sich

Mühe. Fraglich ist ferner, wieweit die freien Plätze im Osten mit überzeugend guten Leuten aus dem Westen besetzt werden. Wer eine befriedigende Stellung in der alten Bundesrepublik hat, verläßt sie ungern; so gehen in den unbequemen Osten vor allem Idealisten, deren Zahl sich in Grenzen hält, und viele, die im Westen nicht zum Zuge kamen und nun im Osten ihre Karriere machen möchten. Die Erneuerung ist keineswegs immer eine Verbesserung.

Schließlich dominieren die Westdeutschen auch in der Politik, sie haben überall die natürliche Mehrheit und entscheiden letztlich über Verjährung, Amnestie und den Umgang mit den Stasi-Akten. Man kann lange darüber streiten, ob es besser gewesen wäre, die gesamte Vergangenheitsarbeit den «gelernten DDR-Bürgern» zu überlassen, die wissen, wie es unter Ulbricht und Honecker war. Und man kann spekulieren, was dabei herausgekommen wäre: mehr Verständnis oder zuviel Verständnis? Mehr Vernebelung oder mehr Vergeltung? Mehr Willkür oder mehr Gerechtigkeit?

Jedenfalls sollten die Westdeutschen, die heute ostdeutsche Vergangenheit «aufarbeiten», sich des historischen Hintergrunds erinnern. Die DDR war nicht der Wunschstaat der Ostdeutschen, sondern eine Folge des Hitlerkrieges. Für Hitler tragen alle Deutschen die gleiche Verantwortung, doch die Ostdeutschen mußten doppelt dafür büßen und haben daher Anspruch auf besondere Rücksicht. Nicht ihr Versagen, sondern ihr Unglück war es, daß sie im kommunistischen Staat aufwachsen mußten; und nicht Leistung, sondern Glück verlieh den Westdeutschen die Gnade des «richtigen» Geburtsorts.

Die Bürger der alten Bundesrepublik haben daher keinerlei moralisches Recht, über ihre Landsleute den Stab zu brechen; doch sie haben ein begründetes Interesse daran, daß im Ostteil des gemeinsamen Staates nicht untragbare und unverbesserliche Leute Politik machen, Recht sprechen, verwalten, die öffentliche Ordnung wahren, lehren und erziehen. Solidarität ist geboten, nicht Verurteilungen; Aufräumen, aber nicht Abräumen.

Zunächst allerdings wußten weder Ost- noch Westdeutsche, wie mit der personellen Hinterlassenschaft der DDR umzugehen sei. Niemand hatte eine klare Vorstellung, wen man wofür zur Verantwortung ziehen müsse, niemand hatte allgemeingültige Kriterien, um Schuld zu bemessen. Doch es wäre ebenso ungerecht wie nutzlos, den Politikern ihre Konzeptlosigkeit vorzuwerfen, die Vereinigung kam unerwartet über uns alle. Nötig erscheint allerdings, sich über die Folgen der Planlosigkeit klarzuwerden und zu fragen, ob es so planlos weitergehen soll.

Gerechtigkeit und Vernunft hätten geboten, mit der Strafverfolgung «oben» anzufangen, wo die meiste Schuld liegt, und dann zu prüfen, was auch die Kleinen zu verantworten haben. Doch im Eifer, etwas zu unternehmen und schnell Erfolge zu melden, wurden die ersten Verfahren dort eröffnet, wo der Sachverhalt überschaubar und das Anklagematerial bald verfügbar war. «Mauerschützen» bekamen ihren Prozeß, und damit wurde es unvermeidbar, auch den Höchstverantwortlichen den Prozeß zu machen, wo die Beweislage viel schwieriger ist und Alter oder Krankheit eine Verurteilung oft verhindern.

Gerechtigkeit und Vernunft hätten auch verlangt,

zuerst die Verbrechen der Diktatur zu verfolgen und sich dann den Vergehen zuzuwenden. Doch das Gegenteil geschah. Bürgerrechtler hatten im Mai 1989 die Kommunalwahl zu kontrollieren versucht, und in Dresden wollten dann einige nach der Wende die Verantwortlichen für die Wahlfälschung belangen. Nachdem Wolfgang Berghofer, der frühere Bürgermeister, verurteilt worden war, mußte auch Hans Modrow, der höherrangige frühere Bezirksparteisekreträr, einen Prozeß bekommen. Damit waren ausgerechnet die beiden Mitglieder des DDR-Establishments vor Gericht gestellt worden, die weit mehr als andere im schwierigen Herbst 1989 zu einem friedlichen Übergang beigetragen hatten und die als Reformer auch für Nicht-Partei-Leute zur Hoffnung geworden waren. Nicht die Schlimmsten, sondern die Besten wurden als erste mit dem Makel politischer Kriminalität gezeichnet.

Ernster noch erscheinen die Konsequenzen beider Prozesse. Wenn Berghofer und Modrow zur Rechenschaft gezogen wurden, müssen es auch die übrigen vierzehn Bezirksparteisekretäre, ebenso die Bürgermeister der größeren und vielleicht auch kleineren Städte sowie die dazugehörigen Parteisekretäre und sonstigen Beteiligten. Die gleiche Konsequenz ergibt sich aus dem Urteil gegen drei Dresdner Staatsanwälte, die im Frühsommer 1989 Bürgerrechtler-Klagen wegen Wahlfälschung nicht bearbeitet haben. Kein Staatsanwalt in der ganzen DDR hat solche Klagen bearbeitet, weil eine interne Weisung das verbot, aber wenn die Dresdner (zu einer Bewährungsstrafe) verurteilt wurden, also vorbestraft sind und für den Justizdienst kaum mehr in Betracht kommen, so muß das gleiche mit allen übrigen geschehen, denn sonst regiert der Zufall und nicht Gerechtigkeit.

Weiterhin muß bedacht werden, daß keineswegs nur die Kommunalwahl vom Mai 1989 gefälscht worden ist: Solange es die DDR gab, wurden Wahlen gefälscht – wenn die Fälscher von 1989 sich verantworten müssen, dann auch alle früheren. Aber was war schon Wahlfälschung, verglichen mit anderen, viel übleren Methoden, die Menschen zu entmündigen. Auch dafür gab es Verantwortliche auf vielen Ebenen, die ebenso vor den Richter gehören wie die Manipulatoren von Wahlen, die gar keine waren.

Aber wo soll das enden? Wenn die Gerechtigkeit gebietet, die Verantwortlichen für alles Unrecht in vierzig Jahren DDR zu verfolgen, dann bekommen wir ein Perpetuum mobile von Prozessen, weil einer immer den nächsten verlangt. Dann müssen wir die nächsten zehn oder auch zwanzig Jahre weiter Prozesse führen, die immer mehr ihren Sinn verlieren und bald niemanden mehr interessieren.

Hinzu kommt die politische Fragwürdigkeit vieler Verfahren, die darin liegt, daß Politik mit Macht zu tun hat, aber Macht wenig mit Recht. Honecker und Modrow konnte erst der Prozeß gemacht werden, als die DDR nicht mehr bestand. Zuvor hat die politische Prominenz aller Parteien sich danach gedrängt, dem Staatsratsvorsitzenden ihre Aufwartung zu machen oder ihn bei sich zu Gast zu haben. Honecker war große Mode, und Modrow genoß noch eine Zeitlang den Respekt, der auch Reformkommunisten anderer Staaten gezollt wurde.

Wenn der Bundeskanzler mit Jelzin im Baikalsee badet, so gilt das als schick oder doch nützlich, weil die persönlichen Beziehungen in der Politik gepflegt werden müssen. Aber Jelzin war ein hoher Funktionär der Kommunistischen Partei der Sowjetunion, der dort nicht durch demokratischen Eifer aufgefallen ist und an kommunistischen Routinevergehen wie Wahlfälschung wahrscheinlich Modrow weit übertrifft. Und für fast die gesamte Führungsschicht der GUS-Staaten gilt das gleiche. Natürlich muß mit den Mächtigen verhandelt werden, aber es wird peinlich, wenn man die Partner von einst, also die Vertreter der DDR, nicht mehr kennen möchte. Verbeugung vor denen, die an der Macht sind, Verdammung derer, die ihre Macht verloren haben – zweierlei Maß überzeugt nie.

Doch so fragwürdig vieles erscheint, Siegerjustiz ist es nicht – mit einer Ausnahme allerdings, den Verfahren gegen die ehemaligen Spionage-Chefs der DDR, denen Landesverrat vorgeworfen wird. Welch eine Selbstgerechtigkeit: Was der Bundesnachrichtendienst an Spionage in der DDR trieb, war wohlgetan, aber das, was die Agenten aus der DDR in der Bundesrepublik ausforschten, war Landesverrat? Hier wird das gleiche Muster erkennbar, das die Vereinigung auch sonst verdirbt: die Absolutsetzung der alten Bundesrepublik, ihrer Normen, Ansprüche und sogar ihrer Vorurteile.

All das heißt nicht, es sei möglich gewesen, ohne Strafprozesse auszukommen. Man kann, und sollte, darüber streiten, was unbedingt vor den Richter gehört: Mord und Folter ohne Zweifel, vielleicht auch exzessive Bereicherung. Aber nach dreijähriger Erfahrung ist offenkundig, daß sich die großen Erwartungen nicht erfüllt haben.

Bekamen wir Aufklärung über die Vergangenheit

als Mahnung für die Zukunft? Von Einzelheiten abgesehen nein, denn Angeklagte wollen sich verteidigen, aber nicht Auskunft geben. Wir werden von DDR-Politikern mehr erfahren, wenn nicht Staatsanwälte sie befragen, sondern Historiker.

Schafften die Urteile Sühne? Im allgemeinen nicht, weil große politische Verbrechen nicht mit großen Strafen geahndet werden konnten. Das Mißverhältnis zwischen Tat und Strafe erreichte oft einen Grad, der am Sinn des Verfahrens zweifeln läßt.

Erbrachten die Prozesse Selbsterkenntnis und Reue? Zuweilen vielleicht, doch es blieb wohl eher die Ausnahme. Um Schuldbewußtsein zu wecken, müssen Anklage und Ankläger überzeugen, doch die meist westdeutschen Staatsanwälte und Richter wissen zuwenig vom Leben in der DDR, ihre Beweisführung kommt aus einer Begriffs- und Anschauungswelt, die dem Beschuldigten fremd ist. Auch wenn er sich bemüht, versteht er oft nicht, daß heute falsch sein soll, was sein Staat damals für richtig und nötig erklärte. So fördern Prozesse beim Angeklagten weniger die Einsicht, Unrecht getan zu haben, als das Gefühl, selbst Unrecht zu erleiden. Nicht Wandlung ist das Ergebnis, sondern Verhärtung.

Können solche Prozesse der Gerechtigkeit dienen? Aufs Ganze gesehen wohl kaum. Zu viel ist Zufall, welche Vergehen verfolgt werden; und wer dann vor den Richter kommt, hat eher das Gefühl, Pech gehabt zu haben, als zu Recht bestraft worden zu sein. Unbestreitbar aber bleibt die Notwendigkeit, genau zu prüfen, wer die Demokratie und den Rechtsstaat im Ostteil Deutschlands zu sichern verspricht. Zweifellos sind viele, die sich in der DDR exponiert haben, nicht tragbar und, noch wichtiger, den meisten Ostdeutschen nicht zumutbar. Auch manche Ausbildung erweist sich als zu eng. Karl-Eduard von Schnitzler hat im Journalismus der Bundesrepublik keinen Platz, auch der geläuterte Günter Schabowski keinen in der Politik, und Professoren, die nur Marxismus-Leninismus gelernt und gelehrt haben, sind – mit Ausnahmen – für Universitäten nicht mehr verwendbar. Doch über extreme Fälle ist man sich immer bald einig, die Schwierigkeiten beginnen auch hier im Detail.

Welcher Parteisekretär tyrannisierte seine Leute, welcher schützte sie? Wer war ein gläubiger Kommunist und wer nur ein Opportunist? Und wer ist uns von beiden lieber? Wer hetzte und trieb, wer wurde selbst gehetzt und getrieben? Wer hat zwar seine Privilegien genossen, aber war nicht gemeingefährlich? Wer bekam seinen Posten durch die Partei, wer durch Fähigkeit und wer erst durch die Kombination aus beidem? Wer war ein Karrierist, und wer wollte nur eine Arbeit haben, die seiner Begabung entsprach?

Wer war mehr Ideologe als Wissenschaftler, wer hat sachliche Arbeit geleistet und, um sie leisten zu können, ideologische Girlanden darumgehängt? Welcher Richter verstand sich als Vollstrecker des Parteiwillens, und welcher hat sich vor allem um den sozialen Frieden bemüht? Wer hat Untertanen erzogen, wer Menschen mit sozialer Lebensauffassung? Und wie ist die große Mehrheit derer zu beurteilen, die sich irgendwo zwischen diesen Extremen bewegten?

Aber man muß auch umgekehrt fragen: Wem blieb ein beruflicher Aufstieg verwehrt, weil er fachlich nicht mitkonnte, und wem, weil er politisch nicht mitmachte? Und wer ist, weil er damals politische

Schwierigkeiten bekam, heute beruflich benachteiligt: keine Oberschule, kein Studium, keine Erfahrung in gehobener Position? Wer hat unter dem System gelitten, und wer behauptet es nur? Wer hat gelitten und muß immer noch um seine Anerkennung als Opfer kämpfen?

Wie hält es das vereinte Deutschland überhaupt mit denen, die in der DDR Widerstand geleistet haben? Gelten sie als Maßstab oder als rühmenswerte Ausnahme? Wie ist eine durchschnittliche SED-Mitgliedschaft zu beurteilen? Als Beweis von Flexibilität und gesundem Ehrgeiz? Oder als ein Makel, der von der Mitgliedschaft in demokratischen Parteien, außer der PDS, ausschließt? Oder nur von politischen Ämtern? Und wenn ja, von welchen? Zwanzig Jahre nach dem Ende des Nazismus konnte das ehemalige NSdAP-Mitglied Kiesinger Bundeskanzler werden – ist das eine Panne, die sich nicht wiederholen darf, oder ein Beispiel wünschenswerter Versöhnung?

Der einzig sichere Schluß, der sich ziehen läßt, heißt: Alle Pauschalurteile sind vom Übel, es kann gar nicht genug differenziert werden. So ähnlich viele Fälle zu sein scheinen, jeder ist ein besonderer Fall, denn jeder ist auch ein Schicksal. Im Prinzip ist das überall anerkannt, in der Praxis aber wurde und wird oft nach Pauschalbegriffen sortiert.

Aus der Nationalen Volksarmee wurde vom Oberst aufwärts niemand in die Bundeswehr übernommen, vom höheren Dienst des diplomatischen Korps niemand ins Auswärtige Amt. Selbstverständlich waren Soldaten und Diplomaten besonders eng der SED und deren Führung verpflichtet, aber man hätte nach den Kriterien verfahren können, nach denen in den fünfziger Jahren Wehrmachtoffiziere als geeignet befunden wurden für die Bundeswehr und Diplomaten der Nazizeit für das neue Auswärtige Amt. Doch die zuständigen Minister in Bonn ließen sich nicht überzeugen, auch Interventionen zugunsten einzelner, hervorragend befähigter NVA-Offiziere und DDR-Diplomaten blieben erfolglos.

Pauschal wird auch mit früheren Mitarbeitern der Stasi verfahren, was viel Verständnis findet und doch nicht unproblematisch ist. Nach einem Rundschreiben der Berliner Innenverwaltung kommt «eine Weiterbeschäftigung von früheren MfS-Mitarbeitern in der Regel nicht in Betracht», und dabei sind «Rang, Funktion und konkrete Tätigkeit beim MfS sowie der neue Einsatzbereich nicht entscheidungsrelevant». In der Praxis kann das bedeuten, daß die Frau eines Mannes, der zweimal für die Stasi als lebender Briefkasten fungierte, also Briefe weiterleitete, nicht mehr Lehrerin sein darf. Das gleiche gilt für eine andere, deren Freund für die Stasi arbeitete, ohne daß sie es wußte. Überzeugender ist der Maßstab, den der sächsische Innenminister Heinz Eggert nennt: «Wer andere Menschen entwürdigt und Biographien verbogen hat, der muß gehen.»

Die Prüfungspraxis bei Lehrern, Professoren, Juristen und Verwaltungsbediensteten leidet unter ihrer Uneinheitlichkeit. Um es am Beispiel der DDR-Richter und -Staatsanwälte zu erläutern, die zur Probe in den Bundesdienst übernommen wurden: In Berlin waren es nur 15 Prozent, in Brandenburg hingegen 53 Prozent, fast ebenso in Sachsen (52 Prozent), etwas weniger in Sachsen-Anhalt (45%) und Thüringen (44%) und nur 32 Prozent in Mecklenburg-Vorpommern. Grund: Die Länder mit der geringsten Übernahmequote arbeiteten mit anderen Entscheidungsgremien als die übrigen Länder. So gab es im Westteil Berlins schon einen Richterwahlausschuß, der nun auch für den Ostteil tätig wurde. Während in den anderen Ländern großenteils Ostdeutsche prüften, urteilten in Berlin fast nur Westberliner.

Berlin konnte auf die funktionierende Westberliner Justiz zurückgreifen, ein Justiznotstand mangels Personal war nicht zu befürchten, Berlin konnte sich den Luxus wie die Grausamkeit leisten, schärfer zu prüfen als andere, und vielleicht auch dem selten faßbaren und doch noch lebendigen Frontstadtgeist nachgeben. Die anderen «neuen» Länder mußten, um ein Chaos zu vermeiden, erst einmal mit dem vorhandenen DDR-Personal weiterarbeiten, sie bekamen zwar – oft nur leihweise – Richter und Staatsanwälte aus Westdeutschland, blieben aber weit mehr als Berlin auf die früheren DDR-Juristen angewiesen.

Aus der Sicht der Betroffenen ergab sich: In Berlin hatte nur jeder fünfte Bewerber eine Chance, in Mecklenburg-Vorpommern immerhin jeder dritte und in den übrigen Ländern im Schnitt jeder zweite. Wo bleibt da die Gerechtigkeit? Kann Gerechtigkeit eine Frage des Wohnorts, der Ost- oder West-Besetzung der Auswahlkommission, der Entscheidungskriterien und des jeweiligen Bedarfs sein?

Sogar innerhalb einzelner Landesregierungen war es unmöglich, sich auf gemeinsame Maßstäbe zu einigen. In Sachsen prüften Kultus- und Justizministerium sehr scharf, das Innenministerium milder, wahrscheinlich weil es Polizisten braucht. Der Nutzen spielt auch sonst eine Rolle, aber wieweit ist das vertretbar? Darf Expertentum oder beruflicher Seltenheitswert über alle politischen und menschlichen Fragwürdigkeiten hinweghelfen? Kann es sich andererseits die Bundesrepublik leisten, Talente brachzulegen und Fähigkeiten ungenutzt zu lassen? Nach welchen Kriterien ist zwischen Moral und Nutzen zu entscheiden?

Wo allgemeinverbindliche Maßstäbe fehlen, wo von Land zu Land und sogar von Ressort zu Ressort unterschiedlich vorgegangen wird und wo auch noch politische Moden mitwirken, ist nicht zu erwarten, daß Entscheidungen als gerecht empfunden und angenommen werden. Wie bei den Prozessen herrscht zu viel Unberechenbarkeit. Vielleicht das Schlimmste ist die Endgültigkeit der Entscheidungen. Wenn nicht schon die Aktenauskunft eine Ablehnung begründet, so hängt meist von einem einzigen Vorstellungsgespräch ab, ob jemand seinen Beruf weiter ausüben kann, und das ist für ihn oft die Existenzfrage.

Vor vielen, die in der DDR eine Rolle gespielt haben, muß die neue Bundesrepublik bewahrt werden; es wäre unerträglich, in denselben Amtsstuben künftig weiter dieselbe Anmaßung zu finden. Aber nicht alle, die ausgeschlossen werden, waren inkompetente Parteibuchinhaber – die DDR hätte nicht vierzig Jahre überlebt, wenn nicht auch fähige Leute auf allen Ebenen tätig gewesen wären. Desgleichen waren nicht alle, die jetzt als untauglich für eine Demokratie gelten, blinde Werkzeuge des Regimes oder engstirnige Kommunisten – die DDR wäre ganz unerträglich gewesen, wenn nicht die Unvernunft des Systems von der Vernunft mancher seiner Diener gemildert worden wäre. Widerstand gab es in den «Apparaten» nicht, aber eine wachsende Einsicht in die Notwendigkeit gründlichen Wandels und nach 1990 eine Bereitschaft, sich auf den demokratischen Staat einzustellen. Die zunehmende Distanz zu diesem Staat hat ihre Ursache weniger im Glauben an das Alte als in der Enttäuschung über das Neue.

Wie viele Unverbesserliche es gibt und wie groß das demokratische Potential unter den DDR-Eliten ist, weiß wohl niemand. Aber das wußte man bei der Nazi-Elite nach 1945 auch nicht, und das vereinte Deutschland wird sich einmal grundsätzlich entscheiden müssen, wie es mit der personellen Erbschaft des ostdeutschen Staates umgehen will. Folgt sie dem Beispiel der DDR, die fast alle ausgrenzte, die vor 1945 auch nur geringe Bedeutung hatten, oder dem Beispiel der Bundesrepublik, die fast alle übernahm, die sich nicht unerträglich exponiert hatten? Und wie halten es die Parteien außer der PDS: Behandeln sie die zwei Millionen ehemaligen SED-Mitglieder weiter wie Aussätzige, die sie grundsätzlich ausschließen?

Es ist eine Frage an alle: Betrachten wir die Träger, Diener und Mitläufer des kommunistischen Staates mit Vertrauen oder Mißtrauen? Geben wir ihnen eine Chance auch auf die Gefahr hin, Pannen zu erleben, wie es der alten Bundesrepublik mit zahlreichen Nazi-Skandalen erging? Oder grenzen wir alle aus, die nicht ganz sicher erscheinen, und nehmen in Kauf, daß Ostdeutschland einen großen Teil seiner Talente verliert und zum Sammelplatz massiver Unzufriedenheit wird? Wenn die alte Bundesrepublik, die fast alle Richter und Beamten der Nazizeit übernahm, dessenungeachtet zu einer vorzeigbaren Demokratie wurde, dann können selbst ein paar tausend verstockte Exkommunisten nicht das vereinte Deutschland in Gefahr bringen.

Auf dem schwierigsten Feld der Vergangenheitsarbeit, beim Umgang mit den Stasi-Akten, ist zunächst eine Erinnerung nötig: Es waren Bürgerrechtler, also Opfer, die verhinderten, daß die Akten in einem westdeutschen Archiv verschwanden. «Wenigstens unsere Akten gehören uns», sagte Friedrich Schorlemmer einmal. Die Bewahrung wie die Öffnung des Materials waren nötig zur Selbstvergewisserung der Opposition – auch wer meint, man hätte das Ganze verbrennen sollen, muß dies respektieren.

Die erste Erfahrung, die uns die Akten lehren, ist: Es muß differenziert werden. IM ist nicht gleich IM. Wer spionierte, weil er mußte, wer denunzierte, weil er wollte? Wer diente diesem fatalen Ministerium, weil er es für seine Staatsbürgerpflicht hielt? Wer tat es, weil er erpreßt wurde? Wer aus Naivität oder Schwäche? Wer aus Karrieresucht und wer aus «niederen Beweggründen», wie die Juristen sagen. Und schließlich: Wer wußte, daß er als IM geführt wurde? Alles verstehen heißt keinesfalls alles verzeihen, denn das wäre eine Beleidigung aller, die sich der Verführung und Drohung der Behörde entzogen und dabei Risiken oder Nachteile auf sich nahmen. Doch die Unterscheidung zwischen dem böswilligen und dem unwilligen Täter ist Voraussetzung jeden gerechten Urteils.

An dieser Unterscheidung fehlt es oft. Nicht die Öffnung der Stasi-Akten stört deren vernünftige Verwendung, sondern die Veröffentlichung. Jede Redaktion kommt an Täter-Akten heran, die dem Betroffenen noch verschlossen sind. Im Namen der Wahrheit und im angeblichen Interesse der Öffentlichkeit werden die Akten zur politischen Waffe und zum Mittel der Auflagensteigerung. Das Ergebnis ist nicht Aufklärung, sondern Vergröberung, denn wer diffamiert, der differenziert nicht.

Außerdem geht ein elementarer Grundsatz der Rechtsstaatlichkeit verloren. Nicht der Ankläger muß seinen Vorwurf beweisen, sondern der Angeklagte muß den Vorwurf entkräften. Eine Verdächtigung, publikumswirksam ausgestreut, genügt, um einen Menschen für sein Leben zu zeichnen; auch wenn es ihm, was oft nicht möglich ist, gelingt, seine Unschuld zu beweisen, bleibt «etwas hängen».

Das Thema Stasi hat das politische Klima mehr vergiftet als alles andere. Das gilt nicht nur für Verdächtiger und Verdächtigte, es gilt auch für das Verhältnis der Westdeutschen zu ihren Landsleuten. Nichts hat bei den Medien, von der Politik bis ins Feuilleton, mehr Platz bekommen als die Berichte über Stasi-Verbindungen Prominenter; nichts ist ausführlicher und genüßlicher kommentiert und diskutiert worden. Und da die peinlichen Geschichten von bekannten Leuten weit unterhaltsamer sind als die Schwierigkeiten der Privatisierung ostdeutscher Betriebe, wissen viele im Westen nicht viel mehr vom Osten, als daß dort die «Riesenkrake» Stasi alles und jeden erfaßte. Die ganze DDR erscheint ihnen als ein Stasi-Staat und die große Mehrheit der Ostdeutschen als ein dienstwilliges Heer von Spitzeln.

Und die politische Bilanz? Das Wichtigste wurde nicht erreicht: Gerechtigkeit, die nach vier Jahrzehnten Parteiherrschaft dringend ersehnt wurde. Fast alle wissen jetzt, daß sie nicht erreicht werden kann; und wer nicht die Augen verschließt, weiß sogar, daß Ungerechtigkeit sich ausgebreitet hat. Dies war nicht beabsichtigt, aber teilweise unvermeidlich, sie ist entstanden und droht, sich zu vermehren.

Zweitens entsteht der Eindruck, daß über der Verfolgung der Täter die Sorge um die Opfer in den Hintergrund gerät. Unsummen wurden für den Prozeß gegen Markus Wolf ausgegeben, statt abzuwarten, wie das Bundesverfassungsgericht entscheidet: ob Spionage der DDR gegen die Bundesrepublik überhaupt verfolgt werden darf. Die Opfer von SED-Unrecht erhalten eine geringere Haftentschädigung als Westdeutsche, die in der Bundesrepublik zu Unrecht in Haft geraten sind. Meinte der Bundestag, der das beschloß, es sei angenehmer gewesen, in DDR-Zuchthäusern einzusitzen als in westdeutschen?

Ob die in der DDR politisch Verurteilten Genugtuung erfahren, wenn ihre Richter bestraft werden, müssen sie selbst entscheiden. Zwischen Tat und Strafe bleibt meist ein Mißverhältnis – wird mit ein paar Jahren Haft (wozu es selten kommt) ein Tod an der Mauer gesühnt? Und wurde den Opponenten gegen die Kommunalwahl vom Mai 1989 damit geholfen, daß Berghofer und Modrow vor Gericht kamen?

Oder brauchen die Bürgerrechtler etwas ganz anderes? Adam Michnik, der in Polen weit länger in Haft war als die meisten DDR-Oppositionellen, soll einmal gesagt haben: «Weshalb kann ich nicht großmütig sein zu denen, die regierten und mir zusetzten? Wir haben doch gewonnen.» Die ostdeutschen Bürgerrechtler haben nicht gewonnen, sondern wurden von den Westdeutschen an den Rand gedrängt. Während der Wende und kurz danach erhielten sie viel Lob, weil sie die SED überwunden hatten; die friedliche Revolution wurde gleich ins Ruhmesblatt der deutschen Geschichte geheftet – aber dabei blieb es dann. Wer hat heute mehr als Routineerklärungen für ihren Mut und ihre Entbehrungen? Wer erinnert daran, daß Anpassung zwar menschliches Normalverhalten ist, aber Achtung und Selbstachtung einer Gesellschaft vor allem denen zu verdanken sind, die sich nicht anpaßten?

Als Drittes hat sich gezeigt, daß Prozesse und Eignungsprüfungen, so nötig sie meist waren und manchmal noch sind, inzwischen tiefe Unzufriedenheit hervorrufen. Die meisten Ostdeutschen fühlen sich von der Politik der alten Bundesrepublik überwältigt, für viele ist es daher schwer erträglich, wenn Westdeutsche nun auch noch über sie persönlich zu Gericht sitzen oder ihre moralische und fachliche Befähigung prüfen. Da die Qualität westdeutscher Institutionen und Personen nicht in Frage gestellt wird, entsteht das Gefühl: Nicht mehr um Recht, Schuld oder Eignung scheint es zu gehen, sondern um West gegen Ost. Die Übertreibungen der Stasi-Debatte verstärken diesen Eindruck, und das Wichtigste gerät in Gefahr: die Verständigung, Versöhnung und Vereinigung der Deutschen.

Versöhnung heißt nicht: «Schwamm drüber»

Friedrich Schorlemmer

Die wunderbare Selbstbefreiung der Ostdeutschen von der Diktatur war nicht nur die Befreiung der Unterdrückten von ihren Unterdrückern, sondern auch die Befreiung der Unterdrücker von ihrem Unterdrückenmüssen. Nicht wenige haben an diesem Befreiungsprozeß teilgenommen, der zu neuem Würdegewinn und Selbstwertgefühl der großen Mehrheit der Ostdeutschen – auch vieler Systemträger – führte. Die Erwartung der Demokratie verband sich sehr bald und sehr vehement mit der Hoffnung auf die Einheit Deutschlands.

Inzwischen ist die Euphorie vieler einer Depression sehr vieler gewichen, weil sie neue Entwürdigung, Entwertung und Entmündigung erleben und erleiden. Der Versuch, die DDR im Schnelldurchgang zu einer erweiterten Ausgabe der Bundesrepublik zu machen, mißlang. Die 40 trennenden Jahre haben uns sehr unterschiedlich geprägt. Die Trennungszeit hat strukturell wie mental zu Unvereinbarkeiten geführt. Auch wurden im Vereinigungsprozeß einige kaum noch redigierbare Grundfehler begangen, so daß manche Enttäuschung in Verbitterung umschlug.

Dabei wird leicht übersehen, was wir miteinander durch die deutsche Einheit gewonnen haben und wieviel im Osten Deutschlands inzwischen aufgebaut wurde. Das aber können die millionenfach ins gesellschaftliche Aus beförderten Ostdeutschen nicht mehr würdigen, denn im ganzen steht der Aufbau Ost noch in keinem Verhältnis zum eskalierenden Abbau Ost. Die selbstbestimmte Einverleibung der DDR in die BRD wird von vielen inzwischen als ein Auskaufen, Kolonisieren und «Plattmachen» empfunden. Tatsächlich gibt es eine bisher kaum aufgedeckte Vereinigungskriminalität von Glücksrittern aller Couleur.

Die Ostdeutschen müssen innerhalb einer Generation die Auswirkungen einer ideologisch motivierten Enteignung verkraften und nun auch noch eine Enteignung nach rechtsstaatlichen Gesichtspunkten ertragen. Aus Enttäuschung über das Fehlen wirtschaftlicher Perspektiven gerät schließlich die Demokratie selbst ins Schußfeld. Die politische Befreiung hat für die meisten nicht zur wirtschaftlichen Selbstbestimmung, sondern zur Dominanz des allmächtig erscheinenden West-Marktes geführt. Dadurch fühlen sich viele noch deutlicher als Objekte anonymer Mächte, die über sie entscheiden und die sie selber nicht beeinflussen können. Der Hungerstreik von Bischoferode ist Ausdruck von Verzweiflung und Ohnmacht, aber auch Zeichen für das Ende der Geduld. Schließlich sind dort schon 20000 Kumpel entlassen worden. Sie wollen nicht weiter stumme Verlierer sein, Objekte im Verschiebebahnhof von Treuhand und Westinteressen.

Gerade die Eichsfelder hatten so große Hoffnungen auf die deutsche Einheit gesetzt und darauf, endlich ihre Würde wiederzuerlangen, die ihnen in 40 Jahren Partei-Staats-Monopolismus und entmündigendem Zentralismus genommen worden war. Nun müssen gerade sie erleben, wie allein wirtschaftliche Eckdaten und übergeordnete Marktinteressen politisches Handeln bestimmen und das persönliche Schicksal der Arbeiter in den Hintergrund tritt. Den üblichen Hinweis, daß daran das System der SED schuld ist, haben sie inzwischen satt; immerhin hatten sie doch «damals» sichere Arbeit.

Die Kali-Kumpel erleben auch die Gewerkschaften als Interessenvertreter westdeutscher Arbeitnehmer, nicht nur die IG-Bergbau. Sie wollen nicht Privilegien für sich, sie wollen eine neue Wirtschaftspolitik für alle. Insofern ist dies ein Symbolkampf und eine Verzweiflungstat, die den Rechtsstaat auf eine harte Probe stellt. Für Menschen, die 30 Jahre mit anderen in einem Werk gearbeitet haben, die nun entlassen werden und in einer Beschäftigungsgesellschaft darangehen müssen, ihr eigenes Werk abzureißen, ist dies ein unbegreifliches Geschehen. Dies die einzige Chance, vorübergehend Arbeit zu finden? Sinnlos. Sie empfinden sich als nutzlos und untauglich. Arbeitslosigkeit stand außerhalb der Vorstellungskraft von DDR-Deutschen. Arbeit war Teilhabe am gesellschaftlichen Leben.

Viele sehen erst jetzt, wie marode die ganze DDR ist, wie heruntergewirtschaftet die Betriebe sind, in denen sie gearbeitet haben. Andererseits aber erleben sie, wie das, was durchaus konkurrenzfähig erscheint, durch Privatisierung zugunsten westdeutscher Produktionsstätten wegsaniert wird. Darin wird für manche die «Fratze des Kapitalismus» (Ministerpräsident Bernhard Vogel) sichtbar. Nach einer Emnid-Umfrage meinen 51 Prozent der Westdeutschen, daß Arbeithaben wesentlich zum Sinn des Lebens gehöre. In Ostdeutschland sind es 81 Prozent, die so denken.

Die neuen rechtsstaatlichen Institutionen erweisen sich für viele als ebenso unzulänglich wie die alten. Clevere Beraterfirmen aus dem Westen haben sich auf Kosten des Ostens bereichert, indem sie die anfängliche Gutgläubigkeit der Ostdeutschen ausnutzten. Die alten Herrscher haben gelogen. Die neuen tun es auch. Diese unerwartete Enttäuschung führt zur Abstinenz von Politik und zum Zweifel an den neuen Institutionen.

Auch die bisherige Art der sogenannten «Vergangenheitsbewältigung» ist in eine Sackgasse geraten, weil man vielleicht fälschlicherweise eine Art nachträglicher Wiedergutmachung erwartete. Die juristischen Verfahren, in denen zugleich die ideologisch motivierte Politik der Nachkriegsepoche zur Debatte steht, haben sich aber als untaugliche Mittel zur Aufklärung, Beurteilung und Sühne grundlegender Irrtümer und Verbrechen erwiesen. Viele Bürger der ehemaligen DDR hatten eine Art Entlastung durch die Suche nach Schuldigen und deren Bestrafung erhofft. Fast alle Prozesse haben sich indes mehrfach verhakelt.

Vor allem Ostdeutsche wehren sich vehement dagegen, daß es jetzt zu einer sogenannten Schlußstrichdebatte kommt. Sie sehen darin eine Verhöhnung der Opfer. Versöhnung mißverstehen sie als Schwammdrüber-Strategie. Versöhnung kann aber nur gelingen, wenn von beiden Seiten die Bereitschaft erkennbar wird, offen und differenzierend darüber zu sprechen, wer was warum getan oder unterlassen hat. Ehemals Verantwortliche, die sich inzwischen gewandelt (nicht gewendet!) haben oder die mitten in einem komplizierten Wandlungsprozeß stehen, müssen darauf hoffen können, gleichberechtigt und gleichgeachtet integriert zu werden. Dabei darf weder das Ehrgefühl der Opfer verletzt werden, noch dürfen die, die Verantwortung für das System im ganzen und für Erniedrigung und Beleidigung im einzelnen hatten, das Gefühl bekommen, daß sie hoffnungslos ausgegrenzt bleiben.

Indes kommen sie nicht selten zu der deprimierenden Erkenntnis: Wenn wir so bleiben, wie wir sind, werden wir «Betonköpfe» genannt. Wenn wir uns wandeln, werden wir als «Wendehälse» bezeichnet. So aber kommen wir miteinander in der demokratisch-pluralistischen Gesellschaft nicht weiter; das Recht auf politischen Irrtum und die Einsicht, daß es ein Irrtum war, muß akzeptiert und honoriert werden.

Man muß sich einmal an die Selbstbefreiung 1989 erinnern. Auch die in der Ideologie Eingeschlossenen wurden in ihrem Denken und Handeln befreit. Sie besannen sich auf die sie tragenden sozialistisch-humanistischen Werte unter Verzicht auf Alleinvertretungs- und Machtansprüche. Diese plötzliche Erkenntnis wurde unterbrochen, als nicht mehr anerkannt wurde, daß sie eigentlich alle befreit worden sind: die Staatsbürgerkundelehrer von ihrem wissenschaftlichen Aberglauben, die Grenzsoldaten von der Lüge, daß sie den Frieden beschützen, die IM vom Bespitzeln der Freunde, die Umweltschützer vom Verschweigen der Umweltdaten, die Lehrer vom Prokrustesbett des Lehrplans.

Viele von ihnen waren ursprünglich verführt worden durch die großen Menschheitsträume einer weltweiten Befreiungsperspektive. Die Weltgeschichte werde – so die Verheißung – endlich neu beginnen, das alte Spiel aufhören. Alles Dunkle, Dialektische wurde als «notwendige Widersprüche der Entwicklung» wegretuschiert, weil die grundlegenden Widersprüche – die sogenannten antagonistischen – als beseitigt galten. Man war also im Prinzip auf gutem und richtigem Wege. Dafür stand «die Partei» ein – unter Führung der «ruhmreichen KPdSU». Eine solche ideologische Verblendung ist auch nachträglich nicht eo ipso als böse oder verbrecherisch zu bezeichnen. Denn die Verführung war als solche nicht erkennbar. Hätten denn alle 17 Millionen Ostdeutschen flüchten sollen, damit sie sich nicht zu rechtfertigen brauchen?

Es fällt schwer, jetzt schon allen wieder gleiche Chancen für Bewerbungen in allen Berufen und Positionen einzuräumen. Die Deformationen auf der einen Seite und die Verletzungen auf der anderen gehen tief. Außerdem ist schneller Beifall von falscher Seite zu erwarten, weil die Skrupellosen bald wieder «guten Gewissens» obenauf sein könnten. Die anderen, die in den 40 Jahren beiseite gedrängt wurden, würden wieder als Verlierer dastehen. Doch ist zu fragen: Welche Wahl haben wir? Wirkt nicht subkutan das Gift der Verbitterung, wenn Menschen wegen ihrer Vergangenheit auf Dauer ausgegrenzt werden? Werden sich nicht allzu viele allzugern als Märtyrer darstellen oder fühlen, die isoliert, stigmatisiert und von der Mehrzahl geschnitten werden? Können wir

Talente verschleudern und verkümmern lassen? Brauchen wir nicht Integration als das ehrliche Angebot für einen Neuanfang? Und würden wir anderenfalls nicht einer unbedachten DDR-Nostalgie Vorschub leisten?

Beim Wunsch nach radikalem Aufräumen ist die Rolle der sogenannten «Ausreiser» besonders zu betrachten. Viele hatten aus völliger Hoffnungslosigkeit alles aufgegeben, wollten um buchstäblich jeden Preis raus aus der DDR. Sie waren häufig sogar zu «staatsfeindlichen Handlungen» bereit und wählten bewußt den Weg über das Gefängnis, wohl wissend, was mit ihren Kindern in dieser Zeit geschehen würde. Ausreiser wurden zu den radikalsten Kritikern. Gleichzeitig waren sie die Hoffnungslosesten, weil sie Widerstand für sinnlos hielten. Sie riskierten alles, weil sie so ihrem Anliegen nach baldigster Ausreise nahezukommen suchten. Darunter waren auch viele «Begünstigte», also Funktionäre, Wissenschaftler und Künstler, die sehr lange das Hohelied der SED gesungen hatten und nun plötzlich prinzipielle Staatsgegner wurden. Viele waren gar in der letzten Phase der DDR zu frommer Schein-Heiligkeit in «Friedensgebeten» mit weißen Socken, dem Ausreisererkennungszeichen, bereit. Sie schlossen sich Dissidentengruppen an und wurden in diesen dann meist die Radikalsten.

Wer von ihnen ist jetzt noch bei «Friedensgebeten» oder anderem Gebet zu finden? Hier fand eine Instrumentalisierung von Glaube und Kirche statt, genauso wie im Herbst 1989, als «das Volk» die Kirche als vorläufigen Schutzraum nutzte.

Wer von diesen DDR-Bürgern die DDR vor ihrem Ende verlassen hat, braucht heute keine Vergangenheit vorzuweisen; aber alle die, die hiergeblieben sind, müssen sich rechtfertigen. Unter den Weggegangenen sind indes auch «hohe Kader», die längst im Westen leben und sich nun aufgrund ihrer Ausreise als Verfolgte gebärden. Darunter sind viele durchaus Privilegierte. Ihr einziges Widerstehen bestand in dem plötzlichen Entschluß, die DDR zu verlassen.

Der Umgang der Behörden mit «Ausreisern», die sie als Verräter behandelten, gehört zu den schmählichen Kapiteln der SED-Politik. Menschen wurden als Staatseigentum behandelt, aus Abschreckungsgründen gedemütigt und dann verkauft. Immer mehr, vor allem jüngere Bürger, die sich bislang meistens ganz gut eingerichtet und arrangiert hatten, verließen das sinkende Schiff. Die Behörden versetzten ihnen noch einen letzten Tritt und bedrohten das ganze familiäre Umfeld.

Viele hatten in der DDR durchaus etwas zu verlieren, aber heute fordern sie nun das zurück, was sie unter allen Umständen verlassen wollten: ihr Eigentum, dessen Wert sich inzwischen verzehn- oder verzwanzigfacht hat. Bisweilen scheint es, als ob alle «Alteigentümer» im Westen lebten und den «Hiesigen» kaum etwas gehöre. Es ist eine üble Begleiterscheinung des Einigungsprozesses, daß die Ausreiser ihre Helfer von damals jetzt vor den Kadi zu bringen suchen, um den Reichtum, der nun nach der Einheit winkt, durch Vorwürfe gegen Wolfgang Vogel zurückzubekommen. Dabei waren sie es doch, die buchstäblich alles end-gültig abgeschrieben hatten, um ihr Leben im Westen neu aufzubauen. Man muß Ausreiser-Karrieristen von denen unterscheiden, die sich in der DDR zerrieben haben, die schikaniert und zu

«Feinden» erklärt, enteignet, behindert und mundtot gemacht wurden – ihre Alternative war einzig die Flucht.

Dieses Land war andererseits auch für viele Heimat, die sie einfach nicht verlassen wollten. Was wäre denn auch gewesen, wenn in der SED nur fanatisch Überzeugte geblieben wären? Viele haben die Mitgliedschaft in der SED oder anderen gesellschaftlichen Organisationen genutzt, um auf diese Weise mehr Freiraum zu haben. All dies muß nachträglich differenziert bewertet werden, ohne daß es in jedem einzelnen Fall gelingt, ein gerechtes Urteil zu finden. Oft müssen relativ Unschuldige für besonders bösartig-clevere Schuldige mitbüßen.

Die Ostdeutschen haben Erniedrigung und Entwürdigung erlebt. Bei jeder Behörde, bei jedem Antrag, in jeder Gaststätte, in jedem Laden. Sie haben ihre Würde ihm Herbst 1989 auf den Straßen der DDR selber zurückerobert. Lange waren sie mit der Parole abgespeist worden, daß sie auf der richtigen Seite der Geschichte leben. Nun stellen sie fest, daß «alles umsonst war». Im Kapitalismus erleben sie jetzt, daß wieder nur einer bestimmt: das Kapital, und sie wieder nur Objekte politischen Handelns sind. Dies führt bisweilen zu einem Gefühl verlorenen Lebens und damit zu Trotzreaktionen, die sich gelegentlich in Nationalismus verwandeln.

Neurotisches Verhalten gehört zum schwierigen Erbe der roten Diktatur, die soviel innere wie äußere Zerrüttung hinterlassen hat. Inzwischen führen zu viele Zukurzgekommene ihren Karriereknick einzig auf politische Gründe zurück und beanspruchen Aufgaben, denen sie nicht gewachsen sind. Das Fehlen von Kompetenz in den neuen Bundesländern ist eine Langzeitfolge der Diktatur, die jede alternative Kompetenz unterdrückte. Die Invasion der «Besser-Wessis», die häufig wirklich besser sind, ist eine fatale Folge der systemimmanenten Auslöschung von Kompetenz und Kreativität im Osten.

Diejenigen, die damals als Gegner betrachtet oder zu Gegnern gemacht wurden, müssen sich heute klar darüber sein, daß sie nicht an den Mächtigen von einst das wiederholen dürfen, was sie selber durchlitten haben. Die Millionen Mitläufer brauchen die Selbsterkenntnis, daß ohne ihr Mitläufertum das System nicht so lange hätte existieren können. Insofern muß die Demokratie als eine gemeinsame Chance betrachtet werden, die allerdings couragierte Demokraten braucht und nicht das Denunziantentum perpetuieren darf. Für uns Deutsche ist der Transformationsprozeß insofern noch widersprüchlicher als für andere Länder des ehemaligen Ostblocks. Die Ostdeutschen wollen einerseits nicht alle wichtigen Posten mit «Wessis» besetzt haben, erkennen aber gleichzeitig, daß das Potential befähigter Menschen in Ostdeutschland nicht groß genug ist, um auf «staatsnahe» Leute von gestern verzichten zu können.

Das Leben in der Diktatur erschien den meisten ganz ohne Alternative. Es gab nur Mitmachen, Sichzurückziehen oder Weggehen. Nur eine verschwindende Mehrheit sah für sich den Weg des permanenten Widerstandes, wobei sie den Spielraum immer nur so weit ausreizten, daß sie nicht ins Gefängnis kamen. Dieser Spielraum war in der DDR stets größer als in der Sowjetunion, aber kleiner als in Polen. Der Spielraum war eng, aber man konnte widerstehen, ohne umgebracht zu werden. Dies will eine Mehrheit heute nicht mehr wissen. Die Rache von Mitläufern ist eben unersättlich. Ganz ähnlich verhalten sich einige, die einmal durchaus Gläubige des Systems waren, sich aber rechtzeitig in den Westen abgesetzt haben.

Die Verführbarkeit war so groß, weil das System nicht ohne weiteres als verbrecherisch erkennbar war und es in seiner genuinen Zielstellung ja auch nicht war. Sozialismus war doch immer auch noch ein Gesellschaftsmodell, das so viele so lange mitgestaltet, mitverantwortet und mitgetragen haben, weil es in seiner Zielplausibilität nicht einfach in die Kategorie von Diktatur und Verbrechen einzuordnen war. Zumal es in der DDR eine systemlegitimierende «Sicherheit» gab: soziale Sicherheit, Friedenssicherung, Arbeitsplatzsicherheit, Wohnraumsicherheit, Sicherheit vor Überfallkriminalität und Drogenkriminalität, vor allem aber und immer wieder strikte Abwehr des «Faschismus». Die DDR zeigte sich als ein Sicherheitssanatorium – wie fragwürdig das im einzelnen auch gewesen sein mag.

Dieser totale Versorgungsstaat, der die Menschen sogar mit dem richtigen Denken zu versehen beanspruchte, ist in sich zusammengefallen, und viele Menschen, die jetzt plötzlich aller ihrer bisher von außen oder innen behüteten Sicherheiten beraubt sind, fangen an, sich nach diesem Versorgungsstaat zurückzusehnen und ihn in dem Maße schönzufärben, wie er jetzt vom Westen schwarzgemalt wird.

Die Ostdeutschen haben nach dem von vielen Hoffnungen begleiteten Umbruch sehr bald eine weitere «Entwertung» erfahren. Fast alles, was sie einmal gelernt haben, alles, was für sie eine «Errungenschaft» war, wird plötzlich wertlos. Ihre Betriebe gelten als Schrotthaufen, ihre Produkte als nicht marktfähig, ihr Bildungssystem als gescheitert, ihre sozialen Errungenschaften (Arbeit für alle, billige Mieten, geringe Krankenversicherungsbeiträge, Kindergarten und Kinderkrippen, vielfältige Jugend- und Kultureinrichtungen, Frauenförderung etc.) als zu kostspielig, ihre hochgeschätzten Schriftsteller als privilegier- und stasianfällig, ja als künstlerisch nicht vollwertig, und die so brave Jugend ist plötzlich kriminell und rechtsanfällig geworden. – Nicht nur das Geld, auch die «Gegner» verschwanden. Man hatte sich gegenseitig in seinen Feindbildern eingerichtet. Selbst das gab eine gewisse Orientierung im Vergleich zur jetzt so diffusen Welt. Und da kommen nun die Westler und sagen, wo und wie es langzugehen hat. Man solle, so heißt es, alle sozialistischen Eierschalen schleunigst abwerfen und es den «alten Bundesländern» gleichtun.

Es ist wahr: Die sozialistische Planwirtschaft hat dieses Land ruiniert. Was davon übriggeblieben ist, wird westlich beerbt oder planiert. Die Ostdeutschen zahlen die Zeche und fühlen sich weitgehend unschuldig. Der Aufschwung Ost entpuppt sich bisher auf dem Arbeitsmarkt als ein fortgesetzter Abbau Ost. Noch stabilisieren viele Auffangmaßnahmen einen zerbrechlichen sozialen Frieden. Aber wenn zu der hohen Zahl der Vorruheständler nun die auslaufenden ABM-Teilnehmer kommen, weil keine feste Anstellung möglich wird, wenn die Umschüler keine Arbeit bekommen, wenn immer weitere, auch neugegründete Betriebe schließen müssen und Jugendliche keine Lehrstelle finden, dann werden Aggressionen frei, deren Potential und Folgewirkung noch gar nicht abzuschätzen sind.

Die östliche Geduld geht zu Ende, während der westliche Ärger über die «teuren» Ostdeutschen anwächst. Wenn der Aufbau Ost nicht gelingt, wird es immer wieder und in vielen Variationen zu einem Aufstand Ost kommen.

Die Alternative «Abwandern in den Westen» ist mit der Rezession dahingeschwunden. Die Teilung durch Teilen zu überwinden darf insofern keine Floskel bleiben, als in Deutschland-Ost und Deutschland-West jeder Mann und jede Frau nach ihren Talenten, Erfahrungen und Begabungen eine Chance haben und einen Platz finden muß. Das wird nicht ohne Abstriche im Westen und nicht ohne mehr Geduld im Osten gehen, wobei die gerechte Verteilung und Teilung der Arbeit mindestens ebenso nötig wird wie das Teilen des Reichtums – und dies gerade auch beim Schwinden der Zuwächse.

Vom Aufbau des neuen, vereinigten Deutschland dürfen auch die sogenannten «Systemnahen» der DDR nicht ausgeschlossen werden. Der mentale und soziale Einbruch hat vielfach existentielle Krisen ausgelöst, allerdings auch verhärtete Abwehrreaktionen.

Wenn alle, die irgendwie «systemnah» waren, nun auf Dauer in politische Schmollwinkel gedrängt werden, in verbitterte Märtyrerpositionen oder nostalgische Rückwärtswendung, dann würde damit jeder Lernprozeß verhindert. Auch ehemalige «Überzeugte» und Mitläufer müssen eine faire Chance bekommen und nicht «abgestempelt» werden, sonst zwingt man sie, geradezu rechthaberisch auf das Scheitern der freiheitlichen Demokratie zu warten.

Sie müßten eingebunden und nicht ausgeschlossen werden.

Die Evaluierungen an Universitäten, Akademien und Fachschulen haben ganze Forschungsstrukturen auseinandergebrochen und zu einer Art Westokkupation geführt. Dabei ist viel Leistungsfähigkeit, Leistungswillen und Leistungsbereitschaft weggedrängt und westlich-arrogant ersetzt worden.

Im Falle der Lehrer oder Polizisten sind in 40 Jahren DDR ganze Berufsstände verbogen, verbraucht oder mißbraucht worden. Dies betrifft nicht nur einzelne (Hochschul-)Lehrer oder Polizisten an der ideologischen oder administrativen Spitze. Es wird wohl den Zeitraum einer ganzen Generation brauchen, ehe eine grundlegende Erneuerung erfolgt. Die Auswechslung scheint bisher in keinem der neuen Bundesländer wirklich gelungen zu sein.

Alle, die bewußt oder zufällig nicht in der SED waren, sind nicht schon deshalb besser als «die Genossen», und letztere sind nicht eo ipso untauglich. Die (teilweise computerausgewerteten) Fragebögen waren fragwürdig. Die Abwicklung hat jedenfalls insgesamt zu einer erschreckenden Kraftlosigkeit des Lehrerstandes und zu einer hohen Sicherheitsinsuffizienz bei der Polizei geführt. Einen wirklichen Innovationsschub hat es nicht gegeben.

Die durch die SED entwickelte strukturelle Rechthaberpose wiederholt sich spiegelverkehrt bei einigen ihrer damaligen Gegner wie auch bei den rechtsgewendeten Schweigern oder Mitläufern in den Blockparteien. Das Immer-Recht-haben-Wollen haben viele so verinnerlicht, daß der alte Ton in neuem Gewande daherkommt. Da sind die politisch «Unbelasteten» durchaus nicht gefeit, sich genauso zu verhalten, so inquisitorisch und machtbesessen zu reagieren wie die früheren Machthaber. Je unfähiger die Repräsentanten der neuen Mehrheit sind, desto mehr müssen sie «aufräumen», weil sie häufig ihre eigene Insuffizienz verdecken, indem sie entschlossen durchgreifen und mit großer Klarheit zurück in die Vergangenheit blicken, während sie der Zukunft gegenüber vollkommen ratlos sind.

Gewiß, es fällt schwer, manche der «alten Genossen» und ihre servil-gefährlichen Mitläufer noch immer – oder schon wieder – in Ämtern und Würden zu sehen. Aber das Auskämmen mit dem eisernen Kamm trifft zu viele, deren Können wir brauchen. Daß die Hauptverantwortlichen nicht schnellgewendet in gleiche Positionen schlüpfen dürfen, daß kriminelle Handlungen geahndet, Menschenrechtsverächter – als «Behördenangestellte» (Stasileute) – nicht in Vertrauenspositionen sein können, ist ebenso selbstverständlich, wie die Prüfung des Einzelfalls notwendig, wenngleich äußerst schwierig ist.

Wir werden aber in einer komplizierten gesellschaftlichen Umbruchsituation, deren Folgen wir noch während einer Generation zu tragen haben werden, alle brauchen, die unsere soziale und liberale Demokratie gestalten, erfüllen und gegen ihre Verächter schützen wollen. Davon sollte niemand, der dazu bereit ist, prinzipiell ausgeschlossen werden – es sei denn, sein Tun ist strafrechtlich relevant gewesen. Nach einer Zeit existentieller Unsicherheit, rigoroser Entlassungen und gesellschaftlicher Ächtung muß fachlicher und gesellschaftspolitischer Einsatzwillen nun auch wieder Anerkennung finden.

Wir dachten an Freiheit, nicht an Rache

Adam Michnik

Ich gehöre einer Generation an, die 1968 zur Zeit des Prager Frühlings auf Studentenversammlungen und unter Polizeiknüppeln ihre ersten Erfahrungen sammelte. Wir waren getragen von der Hoffnung auf den Prager Frühling als erster Schwalbe der russischen Demokratie, die sich in Sacharows und Solschenizyns Büchern ankündigten. Hoffnungsvolle Nachrichten kamen auch von der Seine, wo französische Studenten einen Karneval veranstalteten, den sie «Revolution» nannten.

Es gab einen grundsätzlichen Unterschied. Für meine Altersgenossen in Paris und Kalifornien, Rom und Frankfurt wurde das Jahr 1968 zu einem Schlüsselerlebnis mit weitreichenden gesellschaftlichen Folgen. Auf der anderen Seite der Berliner Mauer wurde das Jahr 1968 zu einem Wechselbad zwischen Freude – über gewonnene Freiheit – und Trauer, weil sie so schnell wieder verlorenging.

Niemals werde ich vergessen, mit welcher Spannung wir in Polen die Berichte aus der Tschechoslowakei lasen. Seit dem 8. März 1968 inhaftiert, hatte ich nur eine Informationsquelle – kommunistische Zeitungen. Aber sogar sie brachten mir die frohe Kunde von großen, demokratischen Veränderungen. Dann die Nachricht von der Militärintervention in der Tschechoslowakei. Die versetzte mir einen Schock und ein Trauma, das geblieben ist. Die nächsten zwanzig Jahre konnte ich nicht ohne Schuldgefühl mit meinen tschechischen und slowakischen Freunden sprechen.

Zum zehnten Jahrestag dieser Intervention trafen wir uns an der Grenze in der Nähe der Schneekoppe. Václav Havel war dort, Jacek Kuroń, auch Jan Litynski, Antoni Macierewicz und ich. Es gibt Fotografien davon. Da sitzen wir zusammen, die zukünftigen Präsidenten, Minister und Abgeordneten, damals verfolgt von der Kriminalpolizei, später sogar per Steckbrief gesucht.

Wir alle haben uns unterschiedlich entwickelt. Die einen gingen den Weg der «sanften Revolution», ohne Rache und Haß, die anderen machten sich zu Theoretikern und Praktikern der antikommunistischen Durchleuchtungspolitik, dieser nahezu bolschewistischen Sitte, Menschen zu vernichten, indem man in ihren Akten wühlt.

Damals aber, bei diesem Gebirgstreffen, waren wir noch einig in der Überzeugung, der kommunistischen Unterdrückung Widerstand entgegensetzen zu können und zu müssen. Wir glaubten, daß wir darüber einer Meinung seien. Dabei waren wir ganz unterschiedliche Leute. Ehemalige Kommunisten und ehemalige Antikommunisten, Katholiken und Agnostiker. Der Prager Frühling und unsere polnische Freiheitsbewegung vom März 68 verliehen uns gemeinsame Erinnerungen und eine gemeinsame Identität.

Niemandem von uns kam es 1978 in den Sinn, daß zwölf Jahre später die einen die anderen als Kommunisten bekämpfen und ihnen die bürgerlichen Rechte absprechen würden. Wir hatten Freiheit im Sinn, nicht Rache. Es ging uns um Toleranz, nicht darum, die kommunistische Orthodoxie durch eine andere zu ersetzen.

Diese Begegnungen auf dem Berg empfand ich als Fortsetzung jenes geistigen Klimas, das im Prager Frühling und auf unseren Studentenversammlungen in Polen geherrscht hatte. Immer häufiger hört man heute, der Prager Frühling oder die Unruhen in Polen, 1956 wie 1968, seien vom nationalen Standpunkt aus unerheblich. Es habe sich um Machtkämpfe von Kommunisten gehandelt, und ein Kommunist sei genausowenig wert wie der andere.

Der Kommunismus, diese universale Idee von Gerechtigkeit und humaneren zwischenmenschlichen Beziehungen, hat viele Menschen in seinen Bann gezogen. Lange vor unserer Zeit. Die geistige Krise nach dem Ende des Ersten Weltkriegs und nach dem hitlerschen Völkermord provozierte geradezu die Suche nach neuen Gewißheiten. Hinzu kam nach der Konferenz von Jalta die pragmatische Erkenntnis: Die Welt ist nun geteilt, man muß sich in seiner Hälfte einrichten. Für Polen schien es keine andere reale Überlebenschance zu geben.

Nach Stalins Tod wurden alle diese Begründungen brüchig. Immer mehr Menschen befreiten sich von dem lähmenden kommunistischen Mythos der «historischen Notwendigkeit». Das Jahr 1956 brachte die erste große Krise des kommunistischen Monolithen. Die Körper der erhängten Geheimdienstler an den Budapester Straßenlaternen und die sowjetischen Panzer in den Straßen der Stadt veranschaulichten zweierlei: erstens die Ablehnung des Kommunismus durch das Volk und zweitens seine gewaltsame Wiederherstellung durch Moskau.

Die Ereignisse des Jahres 56 machten aber auch die Lernfähigkeit der Kommunisten deutlich. Der ungarische Kommunist Imre Nagy stand an der Spitze einer souveränen Regierung, er starb als Volksheld und wurde zum Symbol des ungarischen Widerstands gegen den Kommunismus. Der polnische Kommunist Wladyslaw Gomulka, nach dem Poznaner Aufstand 1956 im «Polnischen Oktober» an die Spitze der PVAP zurückberufen, galt für eine gewisse Zeit als Nationalheld und genoß Achtung beim ganzen Volk. Gomulka verspielte zwar dann eine einmalige Chance für Polen, aber trotzdem: Das Jahr 56 eröffnete unterschiedliche Arten kritischer Anteilnahme am öffentlichen Leben. Polen war kein völlig totalitäres Land mehr.

Das Jahr 1968 brachte die zweite große Krise des Kommunismus in der Tschechoslowakei und Polen. Jetzt betraten Kreise die politische Szene, deren Ideen mit kommunistischer Orthodoxie völlig unvereinbar waren: demokratische Bewegungen und Ideen, die die totalitäre Ordnung ablehnten, ihren entschiedenen Protest aber im Rahmen eines «Sozialismus mit menschlichem Antlitz» formulierten.

Die Reaktion auf diesen Druck von unten war unterschiedlich. In der Tschechoslowakei kamen Parteireformer zu Wort, die von der Notwendigkeit demokratischer Veränderungen überzeugt waren. In Polen spielten autoritär-nationalistische Tendenzen die entscheidende Rolle, für die der Name des damaligen Innenministers Mieczyslaw Moczar steht. Ich halte dies für zwei unterschiedliche Versuche des herrschenden Kommunismus, aus der Isolation herauszufinden und Wurzeln in der eigenen Gesellschaft zu schlagen.

In der Tschechoslowakei beriefen sich die kommunistischen Reformer gegen das stalinsche Erbe auf die kommunistische Idee. In Polen bediente sich der nationalistisch-autoritäre Flügel einer antiintellektuellen, faschistischer Ideologie entlehnten Rhetorik und der Sprache einer nationalistischen Fremdenfeindlichkeit. Dabei spielte er das reale Unrecht aus, das in den Jahren des Stalinismus Mitgliedern der Widerstandsbewegung gegen Hitler widerfahren war. Alexander Dubček personifizierte die Hoffnung auf den friedlichen Weg zum Rechtsstaat und zu bürgerlichen Freiheiten. Mieczyslaw Moczar dagegen versuchte, die Massen gegen die «liberal-kosmopolitischen Intellektuellen» zu mobilisieren.

Die polnische Freiheitsbewegung unterlag der Polizeigewalt. Den Prager Frühling zertraten die Armeen von fünf Mitgliedsstaaten des Warschauer Pakts. In beiden Ländern hatte das Jahr 68 Illusionen zerstört, aber ein neues politisches Bewußtsein geschaffen. Das polnische «Komitee zur gesellschaftlichen Selbstverteidigung», gegründet 1976, und die tschechoslowakische Charta 77 haben ihren eigentlichen Ursprung in den Ereignissen des Jahres 68. Sowohl der Prager Frühling 1968 als auch der Polnische Oktober 1956 haben ihre wahre Wurzel in der Krise der kommunistischen Partei. Im Namen von Gerechtigkeit und Wahrheit, im Namen von Modernität und Demokratie kündigten Hunderte von Parteimitgliedern der Nomenklatura den Gehorsam auf. In diesem Sinne gehören beide Ereignisse tatsächlich zur Geschichte des Kommunismus, denn viele Anführer dieser Aufstände waren ehemalige Kommunisten. Aber sie gehören auch zur Geschichte unserer Völker. Wer behauptet, es habe sich ausschließlich um kommunistische Machtkämpfe gehandelt, der verzichtet auf ein wichtiges Stück nationalen Erbes und belügt das kollektive Gedächtnis.

Die Einstellung zum Kommunismus war in der antikommunistischen Opposition immer ein Streitpunkt. Die einen verwarfen den Kommunismus in Bausch und Bogen. Ihnen gebührt Respekt, denn das verlangte Heroismus. Die meisten aber ließen sich mehr oder weniger auf den Kommunismus ein. Die einen, weil er sie intellektuell faszinierte. Andere, weil sie in staatlichen Behörden arbeiteten. Wieder andere, weil sie kalkulierten, nur wenn man die kommunistische Realität akzeptiere, könne man etwas zum Wohle des Landes verändern. Indes: Die Masse derjenigen, die später gegen die kommunistische Diktatur protestierte, kam aus den Reihen der Menschen, die sich im Kommunismus «die Finger schmutzig gemacht hatten».

Jene wenigen, Heldenhaften, hatten es mit ihrem Urteil nicht eilig, sie freuten sich eher darüber, wie aus Gehorsam Protest wurde. Doch es tauchte eine neue Kategorie auf: die «Vorsichtigen, die sich nicht die Finger schmutzig gemacht hatten». In all den Jahren waren sie auf dem Schauplatz der politischen Konflikte einfach nicht präsent gewesen. Ganz gewiß haßten sie den Kommunismus und hielten sich deshalb abseits, traten nicht in die PVAP ein. Aus ihrer Überzeugung, daß dieses System nicht reformierbar sei, zogen sie merkwürdigerweise den Schluß, daß man sich auch von der demokratischen Opposition fernhalten müsse. Während andere jeden Tag aufs neue ein Risiko eingingen, funktionierten diese «Vorsichtigen mit den sauberen Fingern» ganz unangefochten in den offiziellen, legalen Strukturen. Man kann ihnen ihr Verhalten nicht vorwerfen. Man darf sich aber doch darüber wundern, wieso gerade sie es für geboten ansehen, heute den Teilnehmern des Prager Frühlings und der demokratischen Opposition ihre Verbindungen zum Kommunismus vorzuwerfen.

Die «Vorsichtigen» von früher sehen die Vergangenheit so: Es gab ein heroisches Volk, das unermüdlich gegen die kommunistischen Bedrücker kämpfte, und es gab eine Handvoll käuflicher Verräter, die den sowjetischen Besatzern dienten. Deshalb sei es heute wichtiger, jene, «die sich die Finger schmutzig gemacht haben», zu brandmarken und zu eliminieren, als denen die Ehre zu erweisen, die im nationalen Widerstand eine wichtige Rolle gespielt haben. Deren Teilnahme am Prager Frühling sei nichts anderes als der konformistische Versuch gewesen, kommunistische Macht zu erhalten. So kommt es, daß heute sogar die verdienstvollsten Veteranen des Prager Frühlings auf ihre kommunistische Vergangenheit hin überprüft werden.

Ich bin nie in der kommunistischen Partei gewesen, habe nie den Versuch gemacht, in den offiziellen Strukturen unterzukommen, und trotzdem halte ich diese Denkweise der «Saubermänner» für krankhaft und absurd, für das Resultat eines Bruchs mit der christlichen Ethik, der formalen Logik sowie dem elementaren menschlichen Anstand.

Gewiß war der Kommunismus ein Instrument der sowjetischen Herrschaft über die unterjochten Staaten. Als Gesellschaftsideal war er diesen Völkern fremd und von außen aufgezwungen, aber er war für einen Großteil dieser Völker doch auch die Lebensweise, unter der sie nun einmal existieren mußten. Wenn Imre Nagy oder Alexander Dubček zu nationalen Legenden wurden, dann stiftet die These, der Kommunismus sei ausschließlich Instrument einer feindlichen Macht gewesen, doch mehr Verwirrung als Klarheit.

Heute ist die Zeit gekommen, die Mythen zu revidieren und die Vergangenheit unter neuen Kriterien zu bewerten. Ja, Nagy und Dubček waren Kommunisten, und das macht ihre Biographien vieldeutig. Die gleiche Vieldeutigkeit ist der Tradition des Polnischen Oktobers und des Prager Frühlings eigen. In gewisser Hinsicht waren das Krisen des Kommunismus, in denen die Anhänger demokratischer Reformen mit den Verteidigern der stalinistischen Orthodoxie im Streit lagen. Dieser Streit hatte immer seine geopolitischen und intellektuellen Grenzen. Die geopolitische Grenze wurde von einer möglichen militärischen Intervention markiert; die intellektuelle lag daran, daß neue Lösungen nur im Rahmen des vorgegebenen sozialistischen Entwurfs gesucht wurden. Heute leben und debattieren wir in einem anderen Klima, unter anderen politischen und intellektuellen Beschränkungen. Es ist unredlich, die heutigen Kategorien in vergangene Zeiten zu projizieren.

In der Zeit des Prager Frühlings und später, in der Epoche der demokratischen Opposition (1976–1989) wurde weniger über die Doktrin diskutiert. Die entscheidende Frage lautete: Bist du bereit, für den Kampf um die Freiheit ins Gefängnis zu gehen und weiterzukämpfen, wenn sie dich rauslassen? Deshalb verdienen heute nicht nur die Altkommunisten einen kritischen Blick, sondern vor allem auch all die «Vorsichtigen», die den Prager Frühling als internen kommunistischen Machtkampf abtun wollen. Beruht ihre reine Weste nicht eigentlich auf Opportunismus, auf ihrer Feigheit, sich in Konflikte zu begeben? Im März 1968 bekundeten revoltierende PVAP-Mitglieder mit Professorentiteln ihre Solidarität mit den streikenden Studenten. Die «Vorsichtigen» schwiegen. Ich glaube nicht an ihre Tugend. Tugend rühmt sich nicht, will keine Rache, verwehrt sich dem Haß; Tugend strebt nach Verständnis, Vergebung, Versöhnung. Sie spricht eher mit der Zunge des Verteidigers als der des Staatsanwalts und läßt sich nie dazu herab, einen am Boden Liegenden zu treten.

Der Prager Frühling und der polnische März hatten 1968 elementare Losungen auf ihre Fahnen geschrieben: Freiheit, Pluralismus, Toleranz, Souveränität, Widerstand gegen das Diktat der kommunistischen Orthodoxie. Ein Vierteljahrhundert zurückdenkend, sehe ich die große Illusion, man hätte den Kreml austricksen und die Gesellschaft schmerzlos aus dem Kommunismus in die Demokratie führen können. Das war naiv gedacht. Dennoch werde ich nie vergessen, daß dies eine Zeit des großen nationalen Erwachens war, in der Freiheitswillige sich das Wort nahmen. Natürlich bleibt mir auch bewußt, daß nach dem

Aufbruch die «Normalisierung» kam, der Rückfall in Kulturbarbarei.

Das Jahr 68 bietet Anlaß zu Stolz *und* Scham, auch polnischer Scham wegen der Beteiligung polnischer Truppen an der ČSSR-Invasion. Es gab zwei Wege, um kommunistische Gesellschaften zu transformieren, einen demokratischen und einen nationalistischen. Den Kommunismus gibt es nicht mehr, doch das Ringen ist nicht zu Ende zwischen dem Geist von Freiheit und Toleranz und dem Ungeist politischer Rache und ethisch-religiöser Xenophobie.

Der Streit um das Jahr 68 ist ein Streit um Vergangenheit, um das Recht, auf dieses Stück der eigenen Biographie stolz zu sein. Er verpflichtet zu kühler Analyse der eigenen Fehler. Doch es ist auch ein Streit um die Zukunft. Werden wir fähig sein, freie, tolerante und offene Gesellschaften zu gestalten?

Wie Spanien mit Francos Erbe fertig wurde

Heleno Saña

Als am 20. November 1975 Franco in der Madrider Klinik La Paz starb, war niemand in der Lage vorauszusehen, was kommen würde. Ein tiefes Gefühl von Ungewißheit ergriff das Land. Der Diktator hatte versäumt, die Kluft zwischen Siegern und Besiegten des Bürgerkrieges zu überbrücken, und man befürchtete, daß es nun zu einer gewalttätigen Konfrontation zwischen den Anhängern des Regimes und der Opposition kommen könnte.

Nichts dergleichen geschah. Aus zwei Gründen: erstens, weil die Demontage der Diktatur auf institutioneller Ebene und in geordneten Bahnen vor sich ging, und zweitens, weil die demokratischen Parteien und Gewerkschaften diesem Weg vom ersten Moment an zustimmten. Nicht der von vielen gefürchtete «ruptura» (Bruch) fand statt, sondern einer von der Mehrheit der politischen Kräfte «paktierter» Übergang zur Demokratie – eine Option, die vom Volk weitgehend unterstützt wurde.

In einer seiner vielen Stellungnahmen zur spanischen Geschichte hat Karl Marx die Neigung der Spanier zum Blutvergießen unterstrichen. Dieses Werturteil war leider damals gerechtfertigt und behielt auch seine Gültigkeit bis zum Bürgerkrieg 1936 bis 1939 und der aus ihm hervorgegangenen grausamen Repression gegen die Besiegten. In den ersten Jahren nach Francos Tod bewiesen die Spanier jedoch, daß sie die Lehren aus der Vergangenheit beherzigt haben und sich nicht nach einem neuen Kapitel iberischer Gewalt sehnen.

Der Übergang zur «civil society» wurde durch Dialog, nicht durch Barrikaden vollzogen, auch wenn sowohl links- wie rechtsextreme Gruppen versuchten, durch terroristische Anschläge den Demokratisierungsprozeß zu vereiteln.

Versöhnungswille, nicht Revanchismus prägte die «transición» (Übergang). Dieselben Kräfte, die sich fast vierzig Jahre lang leidenschaftlich bekämpft hatten, setzten auf die Dialektik des friedlichen und kompromißbereiten Miteinander. Aus den einstigen Feinden wurden Partner. Die politische und juristische Abrechnung mit den Machtträgern des alten Regimes blieb aus. Es gab keine Prozesse, keine Denunziationen, keine Aktenwühlerei, keine erhobenen Zeigefinger. Grandezza siegte über alles Kleinkarierte.

Erstaunlich genug: Die Männer, denen die Aufgabe zufiel, die Institutionen der Diktatur zu beseitigen und die Weichen für ein konstitutionelles Gemeinwesen zu stellen, waren selbst prominente Vertreter des Franquismus. Das gilt an erster Stelle für den großen Architekten des Übergangs, Adolfo Suárez, der zuletzt das Amt des Generalsekretärs der Nationalen Bewegung bekleidete. Und es waren dieselben franquistischen Cortes del Reino (Ständeparlamente), die die Einführung der Demokratie mit großer Mehrheit beschlossen. Im Juni 1977 fanden dann die ersten freien Parlamentswahlen statt.

Die großen Linksparteien, von Felipe González und Santiago Carrillo geführt, akzeptierten vorbehaltlos den von Suárez und König Juan Carlos eingeleiteten Reformkurs und sicherten ihm dadurch einen positiven Ausgang. Dasselbe gilt für die beiden großen Gewerkschaften Comisiones Obreras (Arbeiterausschüsse) und UGT.

Als am 23. Februar 1981 der Oberstleutnant der Guardia Civil, Antonio Tejero, und andere franquistische Militärs versuchten, durch einen Putsch die neue demokratische Ordnung außer Kraft zu setzen, blieben sie weitgehend isoliert.

In Spanien hat die politische Vernunft gesiegt.

Ein Restaurator des Friedens
Wie Ludwig XVIII. das Erbe Napoleons bewältigte

Rudolf von Thadden

In der zu Unrecht schlecht beleumundeten Epoche der sogenannten Restauration in Frankreich erklärte der aus der Emigration zurückgekehrte König Ludwig XVIII., daß es nach 25jähriger Herrschaft von Revolution und Napoleonischer Machtversessenheit keine Abrechnung mit der Vergangenheit und keine Wiederherstellung der vorrevolutionären Verhältnisse geben werde. «Wer Bonaparte im Interesse Frankreichs gedient hat», so ließ er seinen Hausminister sagen, «der hat dem König gedient.»

Maßstab allen Handelns war das Ziel, das alte mit dem neuen Frankreich zu versöhnen. Es war unbestritten, daß vor allem während der Jakobinerherrschaft Tausenden und Abertausenden von Menschen Unrecht geschehen war; aber es galt ebenfalls als ausgemacht, daß eine Wiederherstellung des inneren und äußeren Friedens nicht durch Aufrechnen und Rückgängigmachen aller einmal erfolgten Veränderungen erreicht werden konnte. So wurde entschieden, daß insbesondere die seit einer Generation eingelebten Besitzverhältnisse bestehenbleiben sollten. Den durch die Revolution enteigneten meist adligen Emigranten durften ihre Güter nicht zurückgegeben werden. Statt dessen erhielten sie eine Entschädigung, die einige von ihnen in die sich langsam entwickelnden Industrieunternehmen investiert haben.

Ähnlich versöhnend ging man mit den Beamten und Funktionsträgern der Revolutions- und Kaiserzeit um. Unter den 43 Ernennungen von Präfekten im Jahre 1814 befanden sich nur sieben alte Emigranten, und unter den 147 neuen Unterpräfekten waren es nicht mehr als 25. Etwas strenger ging es 1815 bei der zweiten Restauration des Königs nach Napoleons gescheitertem Rückkehrversuch der 100 Tage zu, obwohl gerade hier ein heute fast unglaublich anmutender Brückenschlag stattfand: der zeitweilige Polizeiminister Napoleons und berüchtigte Exekutor der jakobinischen Schreckensherrschaft in Lyon, Fouché, wurde für ein paar Monate zum leitenden Minister der neuen provisorischen Regierung gemacht, bis er dann allerdings ein Jahr später aufgrund eines Dekrets gegen die radikaljakobinischen Mörder der Familie Ludwigs XVI. verbannt wurde.

Selbstverständlich waren die Regierungen der wiederhergestellten Monarchie nicht frei von restaurativen Kräften, die auf eine Abrechnung mit den Dienern der Revolution und der Gewaltherrschaft drängten. Es gab auch entschiedene Liberale, also Nutznießer der von der Revolution geschaffenen neuen sozialen Ordnung, die für eine Säuberung unter den Trägern politischer und administrativer Verantwortung eintraten. In der Summe aber blieb es dabei, daß die Auseinandersetzungen politisch erfolgten und nicht in die Gerichtsstuben verlagert wurden. Wenn die Herrschaft des 1814 restaurierten Königtums dann schließlich doch scheiterte, dann nur, weil der Nachfolger Ludwigs XVIII., Karl X., nicht mehr die Weisheit besaß, die Versöhnung des alten mit dem neuen Frankreich höher zu stellen als das Verlangen, alles Unrecht auf Erden zu sühnen.

Das Frankreich der Restaurationsepoche ist nicht das Deutschland nach der Überwindung der staatlichen Teilung. Und direkte Übertragungen verbieten sich in der Geschichte ohnehin. Aber eine Lehre läßt sich dennoch ziehen: prüfen wir kritisch unsere Vergangenheit, tun wir dies aber nicht nur mit juristischen Paragraphen, sondern auch auf dem weniger denn je überholten Weg des Umdenkens und der Umkehr.

Die Nürnberger Prozesse: Ein abschreckendes Beispiel

Marion Gräfin Dönhoff

Wenn eine Diktatur an ihr Ende gelangt ist – egal, auf welche Weise –, erhebt sich das Problem der «Vergangenheitsbewältigung». Die Deutschen haben zwei Varianten dieser Problematik kennengelernt, einmal die Entrümpelungsarbeiten nach dem Ende des Nationalsozialismus und jetzt, vier Jahrzehnte später, geht es um die Beseitigung der Trümmer, die die SED-Herrschaft hinterlassen hat.

Die Umstände sind sehr verschieden, und auch die Ausgangspunkte sind keineswegs die gleichen. Damals, 1945, waren es die Siegermächte, die nach einer vernichtenden Niederlage das Urteil diktierten. Heute verlangen jene Opfer Gerechtigkeit, die während vier Jahrzehnten unter der willkürlichen Rechtsprechung ihrer eigenen Landsleute und dem unmenschlichen Strafvollzug zu leiden hatten. Aber es ist aufschlußreich, sich noch einmal jene Situation nach 1945 vor Augen zu führen.

Auf der Londoner Konferenz vom 8. August 1945 war über die Kriegsverbrecherverfahren ein Viermächte-Beschluß gefaßt worden, der die Grundlage des «Statuts für den Internationalen Militärgerichtshof» (IMT) bildete, mit dem das Hitler-System liquidiert werden sollte. Das Gericht, das in Nürnberg tagte, war international besetzt, auch die Sowjets wirkten daran mit und verurteilten unbekümmert diejenigen, mit denen sie gemeinsam den Angriffskrieg gegen Polen vorbereitet hatten. Daß sie selber in Katyn Verbrechen gegen die Menschlichkeit begangen hatten, schien sie ebenfalls wenig anzufechten. Es gab vier Anklagepunkte: Verschwörung zur Führung eines Angriffskrieges, Führung eines Angriffskrieges, Kriegsverbrechen und Verbrechen gegen die Menschlichkeit.

Die Alliierten hatten damals sehr weit gesteckte Ziele vor Augen, sie wollten mit den Nürnberger Prozessen Zeichen setzen für das künftige Zusammenleben der Nationen. Neues Recht sollte formuliert werden, das in Zukunft jede Form der Kriegsführung unmöglich machen würde. Darum wurde der Angriffskrieg unter Strafe gestellt.

Um das politische Unrecht aburteilen zu können, wurden neue Straftatbestände eingeführt, die rückwirkend zur Anwendung gelangten, was all diejenigen empörte, die jahrelang auf die Wiederherstellung des Rechtsstaates gewartet hatten. Ebensowenig Verständnis hatten diese dafür, daß das Prinzip der Gewaltenteilung außer acht gelassen wurde: Die Erfinder des Status, also der Gesetze, die die Grundlage der Prozesse bildeten, waren zum Teil identisch mit den Richtern und Verteidigern der Nürnberger Verfahren.

Der erste große Prozeß, das «International Military

Tribunal», fand vom 20. 10. 45 bis 1. 10. 46 in Nürnberg statt. Dort standen damals 22 der höchsten Vertreter des NS-Regimes vor Gericht. Die Urteile, die Ende September 1946 verkündet wurden, lauteten:

12 Tod durch den Strang
3 lebenslängliches Gefängnis
4 zeitlich begrenzte Strafen
3 wurden freigesprochen.

Außerdem wurden sechs Organisationen – unter ihnen die SS, die Gestapo und das Führungskorps der NSDAP – als verbrecherische Organisationen eingestuft.

Die danach folgenden zwölf Nürnberger Prozesse, die gegen bestimmte Gruppen gerichtet waren, wurden nur von den Amerikanern geführt. Es handelte sich dabei um: den Ärzte-Prozeß, den Juristen-Prozeß, den Prozeß gegen das Wirtschafts- und Verwaltungshauptamt der SS, den Wilhelmstraßen-Prozeß gegen das Auswärtige Amt und den Krupp-Prozeß sowie einige andere.

Bei diesen Verfahren wurden 24 Todesurteile verhängt, von denen 13 im Gefängnis von Landsberg vollstreckt worden sind. In Landsberg wurden zwischen 1945 und 1951 insgesamt 255 Personen, die von den verschiedenen amerikanischen Militärgerichten zum Tode verurteilt worden waren, durch den Strang hingerichtet.

Neben den amerikanischen gab es auch britische, französische und sowjetische Militärgerichte; vor den britischen waren 1085 Personen angeklagt, von denen 240 zum Tode verurteilt worden sind; vor französischen 2107, von denen 104 zum Tode verurteilt wurden; für die sowjetischen sind keine genauen Zahlen bekannt, man weiß nur, daß 10513 Verurteilte im Januar 1950 an die DDR übergeben worden sind.

Am 31. Januar 1951 hat schließlich der amerikanische Militärgouverneur McCloy eine Amnestie erlassen, bei der Todesurteile in Haftstrafen umgewandelt und die meisten Zeitstrafen revidiert oder aufgehoben wurden.

Bei all jenen Verfahren haben die Alliierten nicht deutsches Strafrecht zugrunde gelegt – das völlig ausgereicht hätte, um die Schuldigen zu verurteilen –, sondern sie bedienten sich der vagen Begriffe des Völkerrechts, weil sie neue Tatbestände als Verbrechen erfassen wollten, eben den Angriffskrieg und Verbrechen gegen die Menschlichkeit.

Die Alliierten hatten für ihre Verfahren noch einen weiteren Begriff eingeführt, der allen rechtsstaatlichen Traditionen widerspricht: die Kollektivschuld, das heißt, sie hatten Kategorien gebildet, deren Mitglieder automatisch als Verbrecher galten, auch wenn kein subjektives Verschulden vorlag. Beispielsweise wurden alle Angehörigen des «Führerkorps» automatisch als schuldig eingestuft und alle Offiziere des Generalstabs als potentiell Kriminelle interniert, obgleich gegen die meisten von ihnen gar nichts vorlag.

Ein besonders schockierendes Beispiel bildete der Fall des Generals Alexander von Falkenhausen. Dieser war schon vor 1933 ein überzeugter und aktiver Gegner des Nationalsozialismus gewesen. 1932 hatte er vergeblich versucht, Schleicher zum Verbot der SA zu bewegen; im Oktober 1931, nach Errichtung der Harzburger Koalition (Zusammenschluß der Deutsch-nationalen mit den Nationalsozialisten im Kampf gegen Brüning und seine von der SPD tolerierte Minderheitsregierung) trat er aus der deutsch-nationalen Partei aus und wenig später, als Seldte den Stahlhelm in die SA eingliederte, auch aus dem Stahlhelm.

Schließlich griff er zu, als Marschall Tschiang Kaischeck ihn aufforderte, in seine Dienste zu treten. Falkenhausen reiste im April 1934 enttäuscht und angewidert nach China – gerade noch rechtzeitig, um nicht das Schicksal seines Bruders zu teilen, der am 30. Juni 1934 von den Nazis ermordet worden ist. Aber seine Freiheit währte nicht lange. 1938 zwang Ribbentrop ihn zur Rückkehr mit der Drohung, er werde andernfalls seine Familie in Sippenhaft nehmen, weil es nicht angehe, daß nach Abschluß des deutsch-japanischen Paktes Deutsche noch als private militärische Berater in China wirkten.

Wieder in Deutschland, wurde er im August 1938 eingezogen, und im Mai 1940 sorgten gleichgesonnene Offiziere dafür, daß Falkenhausen sehr gegen seinen Willen als Militärbefehlshaber in Belgien eingesetzt wurde. Für ihn war diese Zeit ein ständiger Kampf mit Partei, Sicherheitsdienst (SD) und Polizei.

Im Dezember 1943 wurde der Kommandant, dem die Gefängnisse in Belgien unterstanden, von der Gestapo verhaftet. Begründung: Er habe sich des «Verrats» schuldig gemacht, weil er die Mißhandlung von Gefangenen gemeldet hatte, was den Militärbefehlshaber von Falkenhausen dazu veranlaßte, streng in den Gefängnissen durchzugreifen. Als er dann auch noch die Einführung des zwangsweisen Arbeitseinsatzes in Belgien zu verhindern suchte und sich weigerte, den Jahrgang 1925 auszuheben, wurde er seiner Stellung enthoben und von der Gestapo während neun Monaten durch mehrere KZs und Gefängnisse geschleppt.

Kurz nach seiner Befreiung im Frühjahr 1945 wurde Falkenhausen – als Angehöriger des nationalsozialistischen «Führungskorps» von den Alliierten in die Kategorie Kriegsverbrecher eingestuft – von neuem verhaftet. In den folgenden fünf Jahren ist er, ohne daß Anklage erhoben worden wäre, nacheinander in 51 verschiedenen Gefängnissen und Lagern in Haft gehalten worden. Erst 1951 wurde der Zweiundsiebzigjährige vor Gericht gestellt und zu zwölf Jahren Zwangsarbeit verurteilt – auf vielfältigen Druck aber im selben Jahr begnadigt und entlassen.

Neben den in Nürnberg Verurteilten saßen in Landsberg auch diejenigen, die seit 1945 von amerikanischen Sondergerichten verurteilt worden waren. Unter ihnen kleine Leute, die das Schicksal oder der Zufall in das große Geschehen verwickelt hatte. An ihnen wurde die Absurdität der Rache-Rechtsprechung besonders deutlich.

Da ist beispielsweise der Fall des Arthur Dietzsch (Case 30-50-9). Dietzsch war 1923 als junger dreiundzwanzigjähriger Reichswehroffizier zu zehn Jahren Festung verurteilt worden, weil er – verlobt mit der Tochter eines Altkommunisten – sich an kommunistischen Versammlungen aktiv beteiligt hatte, was damals verboten war. Als seine zehn Jahre um waren, hatten gerade die Nazis die Macht ergriffen – ihr Verdikt: «Ein Kommunist – ab ins KZ.»

Da saß er nun die nächsten zwölf Jahre, bis das Tausendjährige Reich zerbrach. Aber auch dann hatte die Stunde der Befreiung für ihn noch nicht geschlagen:

Er war im Konzentrationslager gezwungen worden, bei Fleckfieberversuchen mitzuwirken. Aufgrund dieser Tatsache verurteilte ihn ein amerikanisches Sondergericht zu 15 Jahren Gefängnis; obgleich dieser Fall eindeutig unter den Begriff des gesetzlichen Notstandes fiel und obgleich Beweise dafür vorlagen, daß Dietzsch die Rettung einer Anzahl französischer Gefangener bewirkt hatte. Erst nach 1950 – der einst Dreiundzwanzigjährige war inzwischen fünfzig Jahre alt – gelang es, ihn aufgrund mehrerer Artikel in der ZEIT freizubekommen.

Ein anderer Fall ist der von Adolf Merkle, dem «Schreiber von Hadamar», der ohne sein Zutun in das Geflecht des SS-Staates geraten war. Er war Angestellter bei den IG Farbwerken in Frankfurt/Main mit 300 Reichsmark Monatsgehalt. Bei Kriegsbeginn wurde er zur Luftwaffe eingezogen und im Januar 1944 mit dem Vermerk: «dauernd dienstuntauglich» entlassen, weil er sich in Kreta eine schwere Malaria tropica geholt hatte. Sein Körpergewicht betrug schließlich nur noch 45 Kilo. Obgleich Merkle haftunfähig war, wurde er von den Alliierten verurteilt.

Der Grund: Nachdem er von der Wehrmacht entlassen worden war und wieder eine Stelle bei der IG antreten wollte, wurde er vom Arbeitsamt dienstverpflichtet und als Schreiber nach Hadamar in die Registratur geschickt. In der Anstalt Hadamar, in der Euthanasie-Verfahren durchgeführt wurden, saß Merkle in der Schreibstube und hatte die Personallisten zu führen.

Er mußte bei den Zu- und Abgängen Tag und Grund der Einlieferung oder der Entlassung und Verlegung eintragen und bei den Sterbefällen den Todestag und die Todesursache. Diese mußten der gesetzlichen Vorschrift entsprechend aus der amtlichen Sterbeurkunde übernommen werden, die vom Standesamt Hadamar aufgrund des Leichenschau-Attestes ausgestellt wurde. Infolge dieser Tätigkeit wurde Merkle im Oktober 45 von einer amerikanischen Militärkommission in Wiesbaden zu 35 Jahren Gefängnis verurteilt.

Dies ist der einzige Anhalt, der sich für die Anklage gegen Merkle rekonstruieren läßt, denn ordnungsmäßige Akten gibt es für all diese Fälle nicht, da die Anklage nur manchmal, das Urteil jedoch nie schriftlich erfolgte. Das Kontrollratsgesetz Nr. 10, das die nachträgliche Rechtsgrundlage für diese Verfahren bildete, die den einzelnen Besatzungsmächten überlassen waren, ist erst am 20. Dezember 1945 erlassen worden, so daß sich gar nicht feststellen läßt, nach welchen Gesetzen im einzelnen diese frühen Fälle eigentlich abgeurteilt wurden.

Fünf Jahre später, im November 1950, wurde im Rechtsausschuß der UNO über Nürnberg und die Kriegsverbrecherprozesse diskutiert. Grundlage der heftigen Diskussion war ein Entwurf des Völkerrecht-Komitees, dem die Aufgabe zugefallen war, die Prinzipien von Nürnberg zu formulieren und zu kodifizieren. Als die Beteiligten bei der ersten Sitzung die neuen Rechtsgrundsätze zum erstenmal schwarz auf weiß vor sich sahen, erhob sich sofort die Frage, ob nicht zunächst einmal geprüft werden müsse, inwieweit die Grundsätze der Nürnberger Urteile überhaupt dem geltenden Völkerrecht entsprechen.

Das Komitee hat sich nach langen Debatten schließlich allen Zweifeln und Konflikten entzogen, indem es kurzerhand feststellte, die Nürnberger Grundsätze seien ja am 11. Dezember 1946 durch die Generalversammlung der UNO bestätigt worden und daher könne es nicht Aufgabe der Vereinten Nationen sein, sie als Völkerrecht anzuerkennen oder abzulehnen; ihre Aufgabe sei es lediglich, sie endgültig zu formulieren.

So blieb es also bei dem Sonderrecht, und darum gingen die Alliierten bei der Liquidierung des Hitler-Regimes von zwei Aspekten aus. Sie glaubten, daß die auf ewig verbündeten Sieger den Krieg für alle Zeiten verhindern könnten. Und sie waren ferner überzeugt, daß der Nationalsozialismus sich nur ausbreiten konnte, weil die Bürger nicht genug Widerstand geleistet hatten.

Da die Alliierten – mit Ausnahme der Sowjets – nie in einer Diktatur gelebt hatten und sie sich darum die Problematik, in die der einzelne in einem solchen System gerät, auch nicht vorstellen konnten, bedienten sie sich einer falschen Meßlatte: Sie glaubten, man könne Heldentum zur Norm erheben. Alle alliierten Gerichtsverfahren seit 1945 basierten daher auf dem Vorwurf des unterlassenen Widerstandes. Ihre Antwort auf die jahrtausendealte Frage, ob der Bürger das Recht habe, sich gegen die Obrigkeit aufzulehnen, lautete bei ihnen – ganz im Gegensatz zu dem Brief des Apostels Paulus an die Römer – kurzerhand, daß er die Pflicht habe, dies zu tun.

Und das Resümee? Von den beglückenden Träumen völkerrechtlicher Weltverbesserung zum friedlichen Nebeneinanderleben der Nationen ist nicht viel geblieben. Nicht nur die Kriege von Korea über Vietnam bis zum Golfkrieg haben die hochfliegenden

Hoffnungen zerstört; Jugoslawien hat von neuem bewiesen, daß selbst durch zwei Weltkriege die Brutalität der Kriegsführung nicht geringer geworden ist. Noch immer erschüttern Verbrechen gegen die Menschlichkeit die angstvoll zuschauende Welt.

Und die Nutzanwendung für uns? Wer die Jahre nach dem Zweiten Weltkrieg und die Kriegsverbrecherprozesse, von denen hier die Rede war, miterlebt hat, der erinnert sich sehr genau daran, wie die Stimmung in jenen Jahren umschlug. Als nach dem Kriegsende die Greueltaten des Dritten Reiches vielen zum erstenmal bekannt wurden, herrschte tiefe Betroffenheit. Aber je deutlicher die fragwürdige Rechtsprechung der Sieger wurde, desto geringer war die Bereitschaft, ihre Urteilssprüche zu akzeptieren. Das hing wohl auch damit zusammen, daß diejenigen, die den Bürgern als die eigentlichen Unterdrücker vor Augen gewesen waren, die Gauleiter, Kreisleiter und Ortsgruppenleiter, zunächst nicht vor Gericht gestellt worden sind, sondern nur die, die sich im Ausland an Nicht-Deutschen versündigt hatten. Daß jene auf der Anklagebank fehlten und statt dessen dort Industrielle und hohe Beamte des Auswärtigen Amts saßen, hat Argwohn erregt.

Als dann schließlich die deutschen Entnazifizierungsverfahren begannen, war das allgemeine Interesse bereits erlahmt – schlimmer noch: Es hatte einer gewissen Distanzierung Platz gemacht. Jemand präzisierte damals diesen Vorgang mit der Erkenntnis: Wo zuviel angegriffen wird, da wird zuviel verteidigt. Nur soviel läßt sich vielleicht im Hinblick auf unsere Stasi-Problematik sagen: Man kann eben «Vergangenheit nicht bewältigen». Selbstverständlich müssen die Kriminellen vor Gericht gestellt werden, aber es ist unmöglich, eine Million öffentlich Bediensteter, vom Minister bis zum Müllarbeiter, oder auch nur 100000 Stasi-Funktionäre, die in jenem Unterdrückungssystem mitgewirkt haben, zu durchleuchten. Auch ist es absurd, heute, wo der Westen mit den serbischen und kroatischen Superverbrechern verhandelt, jenen Menschen Verrat vorzuwerfen, die, wie Stolpe, versucht haben, durch Gespräche und gelegentliches Einlenken das Leben der Mitbürger erträglicher zu machen. Daß der DDR-Ministerpräsident Stoph den damaligen Konsistorialpräsidenten Stolpe für seine «konstruktiven, verfassungsgerechten und vertrauensvollen Beziehungen» lobte, sehen seine Kritiker heute als Beweis für sein verräterisches Verhalten an. Ob sie wohl für möglich halten, daß Stolpe der Kirche und den Hilfesuchenden hätte nützlich sein oder seiner Aufgabe hätte gerecht werden können, wenn er dem Regime als destruktiv, illoyal und suspekt erschienen wäre?

Zur Bekämpfung eines totalitären Systems sind eben neben unbeirrbaren Oppositionellen auch flexible Vermittler notwendig, die versuchen, den Mächtigen Schritt für Schritt gewisse Konzessionen abzuringen.

Die Nürnberger Prozesse jedenfalls, die die Verbrechen des Nazi-Systems «bewältigen» wollten, haben in vielen Fällen nur neues Unrecht geschaffen.

Aristoteles, Markus Wolf und die Mauerschützen

Uwe Wesel

Der Anfang wurde schon vor dem Ende der DDR gemacht. Erich Honecker ist im Januar 1990 festgenommen worden, war allerdings am nächsten Tag schon wieder frei: ein kranker Mann. Im Juli hat man Harry Tisch verhaftet, den alten Gewerkschaftschef. Der Prozeß gegen ihn wurde erst im nächsten Januar eröffnet – nach der staatlichen Vereinigung –, vor dem Landgericht in Westberlin. Damit begann die juristische Aufarbeitung von vierzig Jahren eines real nicht mehr existierenden Sozialismus. Es waren zunächst Prozesse wegen Vermögensschiebereien seiner Führungsspitze.

Harry Tisch ist zu achtzehn Monaten Freiheitsstrafe mit Bewährung verurteilt worden wegen «Untreue zum Nachteil sozialistischen Eigentums» nach § 161 a des Strafgesetzbuches der DDR, weil er 80000 Mark für private Ferienreisen aus der Gewerkschaftskasse bezahlt hatte. Mehr war ihm nicht nachzuweisen, und schon hier zeigten sich die ersten Probleme dieser Prozesse. Deshalb wandte sich der Vorsitzende Richter bei der Urteilsverkündung auch gleich an die Bürger der ehemaligen DDR. Ihre politisch-moralischen Erwartungen habe das Gericht leider nicht erfüllen können, denn es müsse nach dem Gesetz entscheiden, leider, also nicht über Politik. Das Gesetz war außerdem das Recht der DDR. Taten, die in der DDR begangen worden sind, müssen nach dem Gesetz entschieden werden, das zu jener Zeit an jenem Ort gegolten hat. Was hier einer gewissen Komik nicht entbehrte. Denn so wurden Westberliner Richter zu Hütern sozialistischen Eigentums.

Bald danach kam der Prozeß gegen Gerald Götting, früher Vorsitzender der Ost-CDU, vor demselben Gericht, wegen ähnlicher Vorwürfe, mit derselben Strafe. Die Prozesse gegen Werner Kolikowski und Hermann Axen fanden gar nicht mehr statt, weil der eine zu krank war und der andere schon gestorben. So erging es den wichtigsten Verfahren wegen sogenannter Versorgungskriminalität. Man sah, daß es doch nicht so weit her gewesen ist mit der Versorgung von DDR-Spitzenpolitikern, und das Interesse war bald erloschen.

Es konzentrierte sich dann schnell auf die Mauerschützenprozesse. Der erste begann im September 1991, wegen der Erschießung Chris Guefroys im Februar 1989. Inzwischen sind es insgesamt zehn, davon acht vor dem Landgericht Berlin. Die höchste Strafe, nämlich sechs Jahre, gab es in einem Verfahren vor dem Bezirksgericht Potsdam. Ein Sonderfall. Der Angeklagte hatte brutal auf einen Flüchtling geschossen, der schon festgenommen war und wehrlos vor ihm lag. In den anderen Prozessen ergingen Bewährungsstrafen oder Freisprüche. Nur im ersten wurde der Todesschütze zu dreieinhalb Jahren ohne Bewährung verurteilt. Aber das hat der Bundesgerichtshof inzwischen aufgehoben.

In den Mauerschützenprozessen verstärkten sich die juristischen Probleme. Wieder war zu urteilen nach dem Recht der DDR. Also Anklage nach § 112 ihres Strafgesetzbuches, Mord, nicht nach § 212 StGB/West, Totschlag. Aber spätestens seit 1982 waren Schüsse nach DDR-Recht grundsätzlich nicht mehr strafbar. Damals wurde das Grenzgesetz erlassen, dessen § 27 solche Schüsse erlaubte. Ein Gesetz allerdings, das von unseren Gerichten nicht anerkannt wird. Eine heikle Geschichte.

Die Geschichte der Radbruchschen Formel. Gustav Radbruch, Strafrechtsprofessor in Heidelberg und einer unserer großen Rechtsphilosophen, hat sie 1946 entwickelt, unter dem Eindruck der Justizkatastrophe des Dritten Reiches. Auf der einen Seite steht die Rechtssicherheit. Wenn ein Staat Gesetze erläßt, muß der Bürger sich darauf verlassen können, daß sie auch angewendet werden. Sei es ein bürgerlicher, ein sozialistischer oder ein nationalsozialistischer Staat. Aber, sagt Radbruch, es gibt Ausnahmen. Gesetze sind unwirksam und dürfen von unseren Gerichten nicht angewendet werden, wenn sie in einem schlechthin unerträglichen Maß der Gerechtigkeit widersprechen.

So ist es, sagte das Landgericht Berlin, mit § 27 des Grenzgesetzes. Denn es ist ein unerträglicher Widerspruch zu allen Grundsätzen der Gerechtigkeit und zu den Menschenrechten, wenn ein Staat auf seine Bürger schießen läßt, nur weil sie das Land verlassen wollen. Das Grenzgesetz von 1982 ist unwirksam und wird nicht angewendet. Gegeben zu Moabit im Jahre 1992. Also Mord. Und das Problem besteht darin, daß es dasselbe ist, einen solchen sogenannten gesetzlichen Rechtfertigungsgrund zu streichen, wie jemanden ohne Gesetz zu verurteilen. Das widerspricht dem Grundsatz, keine Strafe ohne Gesetz. Artikel 103 des Grundgesetzes.

Der Bundesgerichtshof, der die Urteile im wesentlichen bestätigte, macht es etwas vorsichtiger, läßt § 27 im Prinzip bestehen, gibt ihm aber eine «menschenrechtsfreundliche Auslegung», wie er es nennt. Und die erlaubt tödliche Schüsse ebenfalls nicht. Was letztlich dasselbe ist. Auch hier wird Artikel 103 Absatz 2 des Grundgesetzes verletzt: «Eine Tat kann nur bestraft werden, wenn die Strafbarkeit gesetzlich bestimmt war, bevor die Tat begangen wurde.» Das sogenannte Rückwirkungsverbot. «Rückwirkung liegt auch im Zurechtschneiden des alten Strafrechts nach neuen Wertungen», sagte der Bonner Staatsrechtler Josef Isensee auf der Jahrestagung seiner Kollegen 1991. Inzwischen ist sogar der maßgebende Kommentar zum Grundgesetz dieser Meinung, «Maunz-Dürig», und eine beachtliche Zahl anderer Stimmen. Man kann das wohl inzwischen als die überwiegende Meinung der deutschen Rechtswissenschaft bezeichnen. Die Mauerschützenurteile sind verfassungswidrig.

Dann kam der Honecker-Prozeß. Genauer: der Prozeß gegen die Mitglieder des Nationalen Verteidigungsrates der DDR wegen der Toten an der Mauer und an der Grenze zur Bundesrepublik. Für diese Angeklagten steht und fällt die Verantwortung nicht unbedingt mit § 27 des Grenzgesetzes. Hatten sie doch wohl die Macht, darauf hinzuwirken, daß das Gesetz geändert wird. Außerdem sind die Flüchtlinge an der Grenze zur Bundesrepublik nicht durch Grenzsoldaten erschossen worden, und nur dafür gab § 27 eine Rechtfertigung. Sie wurden durch Minen getötet oder durch mörderische Selbstschußanlagen mit Dumdumgeschossen. Aber es gab andere Fragen: Hat ein souveräner Staat nicht das Recht, Minen an seiner Grenze zu legen? An der Grenze zwischen NATO und Warschauer Pakt? Gibt es nicht viele politische Entscheidungen, die schon vielen Menschen im Laufe der Zeit das Leben gekostet haben? Ist ein deutsches Landgericht vielleicht überfordert mit der Antwort auf Fragen dieser Art? Ein Staat vor dem Gericht eines anderen? Der Staatsratsvorsitzende als ehemaliges Staatsoberhaupt vor der 27. Strafkammer des Landgerichts Berlin, drei Berufsrichter und zwei Schöffen? Das konnte kaum gutgehen.

Deshalb war dieser Prozeß im äußeren Ablauf am peinlichsten. Die Peinlichkeiten häuften sich. Zirkusnummern der Nebenklage, Fernsehinterviews des Vorsitzenden Richters und eine Autogrammaffäre, die schließlich zu seinem Ausscheiden führte, das überstürzte Hin und Her um die Freilassung des Hauptangeklagten und danach unzutreffende Erklärungen der zuständigen Senatorin. Da wurde schon einiges geboten.

Der Rechtsstaat ist ein segensreicher Mechanismus zur Aufrechterhaltung des gesellschaftlichen Gleichgewichts im Innern einer freiheitlichen und demokratischen Ordnung.

Auch wenn er selbst da ab und zu seine Schwierigkeiten hat mit der Gerechtigkeit. Aber Urteile über

Makro-Unrecht von politischen Fehlentwicklungen außerhalb seines eigenen Bereiches? Wenn einer, der mit Mühe kaum, gekrabbelt ist auf einen Baum, schon meint, daß er ein Vöglein wär, so irrt sich der.

Doch immerhin. Mit der Einstellung des Verfahrens gegen den Hauptangeklagten zeigte die Berliner Justiz eine gewisse rechtsstaatliche Souveränität, und die Urteile, die im September 1993 gegen Heinz Keßler, Fritz Streletz und Hans Albrecht ergangen sind – mehrjährige Haftstrafen, die nicht zur Bewährung ausgesetzt werden können –, man kann sie wohl als angemessen bezeichnen angesichts der Schuld, die sie auf sich geladen haben.

Aber nun geht es erst los. Sechzig Staatsanwälte arbeiten allein in der Berliner Abteilung Regierungskriminalität. Und etwa noch einmal genauso viele in den fünf neuen Bundesländern. Die meisten Verfahren werden in Zukunft Prozesse sein gegen Richter und Staatsanwälte wegen Rechtsbeugung. Allein in Berlin rechnet man mit zehntausend Ermittlungsverfahren. Der erste Prozeß lief dort im Juli/August 1992 gegen eine Arbeitsrichterin. Freispruch. Die erste Verurteilung kam im Juni 1993 vor dem Landgericht Schwerin. Ein Richter und eine Staatsanwältin waren angeklagt und erhielten je neun Monate Freiheitsstrafe mit Bewährung, weil sie 1986 einen Demonstranten zu eineinhalb Jahren Gefängnis verurteilt hatten ohne Bewährung. Der war mit einem Plakat zu einer Truppenvereidigung gekommen, 60 × 80 Zentimeter. Die Nationalhymne wurde gespielt, und er hielt es über seinem Kopf. «DDR – Deine Grenzen sind für mich kein Friedensbeitrag.» Nicht ganz eine halbe Minute. Dann war er verhaftet.

Sie sind wegen Rechtsbeugung verurteilt worden, der Richter und die Staatsanwältin. § 244 des Strafgesetzbuches der DDR. Ihr Urteil von 1986 sei falsch gewesen. Sie hatten den Demonstranten verurteilt nach § 214 des DDR-Strafgesetzbuches wegen «Beeinträchtigung staatlicher oder gesellschaftlicher Tätigkeit». Einer der üblichen Gummiparagraphen des DDR-Strafrechts. Und hier liegt das nächste Problem. Es ist das Problem der meisten Prozesse dieser Art, die noch kommen werden. Wieder sind es Richter aus den alten Bundesländern, die darüber zu entscheiden haben. Wieder entscheiden Westrichter darüber, was richtiges Ostrecht ist. Auch in Schwerin. Der Demonstrant hätte nicht verurteilt werden dürfen, sagen sie. § 214 war nicht erfüllt. Plakate sind keine Beeinträchtigung staatlicher Tätigkeit. Dabei heißt es im offiziellen Kommentar zum Strafgesetzbuch der DDR, «auch in demonstrativen Handlungen» könne eine Verletzung des § 214 gesehen werden. Wer versteht also mehr vom Strafrecht der DDR? Ostjuristen oder Westjuristen? Auch hier geht es übrigens um die Frage des Rückwirkungsverbotes. Damals hätten sie wegen Rechtsbeugung nicht verurteilt werden können.

Auf der anderen Seite, ohne Zweifel, es gibt Verfahren wegen Rechtsbeugung, die sind völlig berechtigt und notwendig. Zum Beispiel das gegen Otto Jürgens vor dem Bezirksgericht Leipzig. Er war beteiligt an den berüchtigten Waldheimer Prozessen, zum Teil als Richter, zum Teil als Staatsanwalt. Angeklagt ist er wegen Mordes an Heinz Rosenmüller. Der war Staatsanwalt am Sondergericht Dresden zwischen 1933 und 1945 und hatte sicher Blut in seinen Händen.

Otto Jürgens hat ihn zum Tode verurteilt, 1950, in Waldheim. Das ist eines der düsterten Kapitel in der Rechtsgeschichte der DDR. Selbst Thomas Mann, eher ein Freund jenes Staates, hatte einen Brandbrief an Walter Ulbricht geschrieben, damals.

Es waren Prozesse, die dauerten oft nur zehn oder zwanzig Minuten. Ohne richtige Anklage, ohne Verteidiger und ohne Chance für den Angeklagten. Also Mord. Aber selbst wenn Otto Jürgens verurteilt wird, kann er danach ruhig nach Hause fahren. Er ist 87 Jahre alt und nicht mehr haftfähig.

Trotzdem. Es gibt andere Prozesse wegen Rechtsbeugung, die auch noch geführt werden müssen. Solche, denen eine besondere Bösartigkeit zugrunde liegt. Wie jener Fall, über den Friedrich Christian Schröder – Strafrechtler in Regensburg – berichtet hat. Ein fünfzehnjähriger Junge wurde für einen politischen Witz zu zwei Jahren Freiheitsstrafe verurteilt. Damit war auch weit über das sozialistische Ziel hinausgeschossen.

Nächste problematische Gruppe sind die Verfahren gegen Offiziere des Ministeriums für Staatssicherheit, Hauptverwaltung Aufklärung, wegen des Einsatzes von Spionen in der Bundesrepublik. Also Markus Wolf vor dem Oberlandesgericht Düsseldorf. Wieder die Arroganz der Macht des Westens. Diesmal auf ihrem Höhepunkt.

Hier gilt nämlich von vornherein westdeutsches Strafrecht, obwohl die Angeklagten in der DDR gehandelt haben. Spionage ist Landesverrat im Sinne des § 94 Abs. 1 Ziff. 1 des StGB der Bundesrepublik und vor deutschen Gerichten auch dann strafbar, wenn jemand Spione von außen steuert. Er gilt als Anstifter oder Mittäter, und dazu heißt es in § 9 Abs. 2 StGB: «Die Teilnahme ist sowohl an dem Ort begangen, an dem die Tat begangen ist, als auch an jedem Ort, an dem der Teilnehmer gehandelt hat.» Die Tat wurde in der Bundesrepublik begangen. Zum Beispiel von Günter Guillaume, in Bonn. Also galt für Markus Wolf – den Anstifter, Mittäter oder Gehilfen – westdeutsches Strafrecht, schon damals. Man würde ihn bestraft haben, wenn man ihn bekommen hätte. Das aber gelang erst nach der staatlichen Vereinigung. Und da liegt das nächste Problem.

Wenn man es juristisch benennen will, heißt es § 315 Abs. 4 des Einführungsgesetzes zum Strafgesetzbuch in der Fassung des Einigungsvertrages von 1990. Für Straftaten, die in der DDR begangen wurden, gilt ausnahmsweise westdeutsches Strafrecht, wenn es für diese Taten schon vorher gegolten hat. Zum Beispiel nach § 9 Abs. 2. Siehe oben. Will man es politisch mit einem Namen versehen, heißt es Klaus Kinkel, der mit Markus Wolf – beide Söhne von Ärzten – nicht nur eine Jugendzeit in Hechingen am Fuß der Burg Hohenzollern gemeinsam hat. Später haben sie beide Spionagebehörden geleitet. Der eine in Pullach bei München, als Chef des Bundesnachrichtendienstes, der Spionage betrieb in der DDR. Der andere in Ostberlin an der Spitze der Hauptverwaltung Aufklärung, wo man dasselbe Gewerbe betrieb gegen die Bundesrepublik – ein wenig erfolgreicher. Nun ist der eine Bundesvorsitzender der FDP und Außenminister in Bonn und der andere ein Angeklagter vor dem Oberlandesgericht in Düsseldorf. Ist das gerecht?

Nein, sagt das Berliner Kammergericht. Das verstößt gegen den Gleichheitsgrundsatz des Artikel 3 im

Grundgesetz. Juristisch gesprochen, § 315 Absatz 4 EGStGB ist insoweit verfassungswidrig. Es hat für ein ähnliches Verfahren – gegen einen MfS-General, der heißt Großmann – die Frage vor das Bundesverfassungsgericht gebracht, im Wege der sogenannten Richtervorlage, weil es selbst die Verfassungswidrigkeit von Gesetzen nicht feststellen darf. Das war im Juli 1991. Die Karlsruher Antwort steht noch aus.

Andere sehen es anders. Also das Bayerische Oberste Landesgericht in München, das Oberlandesgericht Stuttgart, das Oberlandesgericht Düsseldorf und der Bundesgerichtshof, der auch schon früh dafür die Begründung geliefert hat. Kein Verstoß gegen den Gleichheitsgrundsatz. Warum nicht? Ganz einfach. Der Bundesnachrichtendienst hat nur defensiv spioniert, nur zum Schutz der Bundesrepublik, während der Nachrichtendienst der DDR aggressiv gewesen sei und die Bundesrepublik in Gefahr gebracht habe, mit Folgen bis in die Gegenwart. Eine lustige Unterscheidung, von der das Kammergericht meinte, sie «läßt sich rechtlich nicht fassen». Wohl wahr. Because all animals are equal, but some are more equal than others.

Der Bundesgerichtshof hat später sogar noch einen draufgegeben. Nachdem das Bayerische Oberste Landesgericht einen Abteilungsleiter der Hauptverwaltung Aufklärung in Ostberlin wegen solcher Spionage zu zwei Jahren Freiheitsstrafe mit Bewährung verurteilt hatte, den Generalmajor Harry Schütt, hob er das Urteil im Juli 1993 mit der Begründung auf, das sei zuwenig. Das Bayerische Oberste habe nur wegen Beihilfe verurteilt. Es hätte aber auch noch Mittäterschaft geprüft werden müssen. Was das bedeutet für

Markus Wolf und Klaus Kinkel, liegt auf der Hand, und Gerechtigkeit ist Zukunftsmusik, die allenfalls noch vom Bundesverfassungsgericht zu hören ist.

Es gibt ja anderes, was das Ministerium für Staatssicherheit tatsächlich zu verantworten hat, und zwar im eigenen Land. Darüber war im Strafrecht bisher wenig zu hören. Die Bespitzelung eines ganzen Volkes kann man mit dem Strafgesetzbuch nicht fassen, auch wenn es in die Geheimsphäre ging. Dafür gab es da drüben natürlich keine Gesetze. Nur Gewalttaten, Freiheitsberaubung, Körperverletzung, Aussageerpressung, wenn man sie nachweisen kann. Statt dessen hat die Staatsanwaltschaft beim Berliner Kammergericht, Abteilung Regierungskriminalität, erst einmal ein Verfahren gegen Minister Mielke in Gang gesetzt, das an Absurdität kaum noch zu überbieten ist, nämlich wegen der Erschießung zweier Polizisten auf dem Bülowplatz im Jahre 1931, also vor über sechzig Jahren, und zwar im wesentlichen auf der Grundlage von Akten und Aussagen, die zurückgehen auf Ermittlungen der Polizei in der Nazizeit, mit der dieser Prozeß komischerweise doppelt verbunden ist. Denn er kann nur durchgeführt werden, weil in der Bundesrepublik 1979 die Verjährung für Mord abgeschafft worden ist, nach langem Hickhack, wegen nationalsozialistischer Gewaltverbrechen. Das ist übrigens auch so ein Rückwirkungsproblem. Erich Mielke hat in der DDR gelebt. Da war die Tat – wenn er sie denn begangen haben sollte – schon längst verjährt.

In den Landesverratsprozessen gegen Markus Wolf und seine Untergebenen spielt es ebenfalls eine Rolle. Sie lebten damals in einem Land, in dem sie sicher sein konnten vor Strafverfolgung durch die Bundesrepublik, wie jeder Geheimdienst, der Agenten einsetzt gegen ein fremdes Land, ob HVA, BND oder CIA. Zu Hause sind sie sicher, dürfen nur nicht dort hingehen, wo sie spionieren lassen. Was aber ist, wenn sie ein Staat werden, das eigene und das fremde Land? Das Kammergericht meinte dazu, vornehm und knapp, «unter dem Gesichtspunkt des Vertrauensschutzes rückt der Fall in die Nähe einer echten Rückwirkung».

Ähnlich ist es mit den Wahlfälschungen bei den Kommunalwahlen in der DDR, Mai 1989. Die bekanntesten Prozesse sind die gegen Wolfgang Berghofer und Hans Modrow. Auch im östlichen Strafgesetzbuch gab es dafür eine Vorschrift, § 211, ähnlich wie bei uns, § 107 a. Aber «wir können nicht heutige Maßstäbe an gestriges Verhalten anlegen», sagte Rainer Lips aus Freiburg, Vorsitzender Richter am Landgericht Dresden, im zweiten Prozeß und beendete das Verfahren für Hans Modrow mit einer sogenannten Verwarnung ohne Strafe (§ 59 StGB/West). Bei Berghofer war es noch eine Freiheitsstrafe von einem Jahr mit Bewährung, vom Bundesgerichtshof bestätigt; die dagegen erhobene Verfassungsbeschwerde ist verworfen worden.

Das sind also die Erfahrungen mit Prozessen wegen Unrechts, begangen in der DDR. Die Justiz ist oft überfordert. Das Recht wird oft strapaziert. Verstöße gegen das Rückwirkungsverbot, Verfälschung von DDR-Recht durch westdeutsche Auslegung, Verstöße gegen den Gleichheitsgrundsatz.

Es gibt extreme Fälle von Bösartigkeit, die müssen weiter verfolgt werden. Nicht nur Fälle von Rechtsbeugung, sondern auch bei den Mauerschützen. Also der Grenzsoldat, der vom Potsdamer Bezirksgericht verurteilt worden ist. Außerdem Gewalttaten im Bereich des Ministeriums für Staatssicherheit, die bisher nicht verhandelt worden sind: Körperverletzungen, Aussageerpressungen, Freiheitsberaubungen.

Aber sonst? Normale Mauerschützenprozesse müssen ein Ende haben. Sie verstoßen gegen das Rückwirkungsverbot und sind verfassungswidrig. Rechtsbeugungsprozesse in jener massenhaften Wahllosigkeit mit Tausenden von Ermittlungsverfahren, sie machen keinen Sinn. Denn die meisten dieser Richter und Staatsanwälte haben nur gegen westliche, nicht gegen ihre eigenen Maßstäbe gehandelt. Schließlich und endlich, es muß aufhören mit Prozessen gegen Offiziere der Hauptverwaltung Aufklärung. Es gibt keinen Unterschied zwischen Markus Wolf und Klaus Kinkel. Und Gerechtigkeit ist Gleichheit. Das wußte schon Aristoteles.

Divan mit Sprungfedern – Aspekte der Berliner Akademie-Vereinigung

Friedrich Dieckmann

Am 2. September 1993 wird im frisch bezogenen Gebäude des alten preußischen Landtags, an einer Straße, die zum Leidwesen mancher Poliker des ehemaligen Westberlins den Namen einer von den Nazis hingerichteten jungen Kommunistin, Käthe Niederkirchner, trägt, das Berliner Abgeordnetenhaus über zwei umstrittene Entscheidungen der Landesregierung zu befinden haben. Es handelt sich um die Entlassung des staatlich subventionierten Ensembles von Schiller- und Schloßparktheater und ferner um den von dem Potsdamer Parlament bereits ratifizierten Staatsvertrag mit dem Nachbarland Brandenburg, der die Überführung der Akademie der Künste des ehemaligen Landes Berlin (West) in eine neu zu gründende Berlin-Brandenburgische Akademie der Künste vollzieht. Zu deren Gründungsmitgliedern sollen auch einige Mitglieder der Akademie der Künste in Berlin-Mitte gehören, die Ende 1990 die Nachfolge der Akademie der Künste der DDR antrat.

Aller Voraussicht nach – dieser Text ging Ende August in Satz – wird das Parlament die seit 1990 regierende große Koalition, die vom Zwang der Verhältnisse zusammengehalten wird und von widerstreitenden Profilierungsinteressen bisher nicht auseinandergezerrt werden konnte, an beiden Fragen nicht zerbrechen lassen. Das ist für das Schillertheater ein das ganze deutsche Theatersystem berührender Einschnitt in eine jahrzehntelange Subventionsexistenz; in Dingen Akademie der Künste wird es ein großes «Uff» aller Beteiligten und Unbeteiligten geben. Denn eine Stadt, die eigentlich ihre Einheit zu verwirklichen hätte, leistete es sich seit mehr als zwei Jahren unter starker Anteilnahme der überregionalen Presse, an einer doppelt vorhandenen Institution, deren in Berlin-Tiergarten ansässige Gestalt ein eher peripheres und deren in Berlin-Mitte ansässige Gestalt ein vielfach wirksames Dasein gefristet hatte, dem staunenden Europa ein Schauspiel aufzuführen. Ein Schauspiel, das von der Lust an der Teilung getragen schien, von der tiefinneren, obschon uneingestandenen Sehnsucht nach Wiederherstellung jener betongestützten Zweisamkeit, in der viele es sich bequem gemacht hatten, als sei sie die beste aller möglichen Welten.

Die von den Landesregierungen Berlin und Brandenburg für die Gründung einer Zwei-Länder-Akademie entwickelte Lösung ist, als sie zutage trat, Verdächtigungen ausgesetzt gewesen, die teilweise einen völlig hysterischen Charakter annahmen. Die Schlagworte, die die Realität des Vorgangs vernebelten, wurden mit der Hingabe eines Glaubenskriegs abgefeuert; eine Konstruktion, die von der Ambivalenz des Pragmatischen war, wurde attackiert, als sei sie eine Ausgeburt des Radikalismus.

Ein zu Recht berühmter ungarischer Komponist, der den Staub des Vaterlandes bereits 1956 von seinen Sohlen geschüttelt hatte und der, wie viele Flüchtlinge und Emigranten, das Bild des osteuropäischen Kommunismus von jenem Zeitpunkt in sich bewahrte, da er das Land verließ – dieser berühmte Musiker rief in einer großen Zeitung anklagend aus, im Berliner Senat wehe «der Geist des Generals Pétain». Er verlangte – ganz nach dem Muster der kommunistischen Vorstellung, daß Akademien Werkzeuge der Regierungen seien – von dem Berliner Regierungschef, er solle «der vom DDR-Geist durchdrungenen Akademie West die Selbstauflösung nahelegen. Übrigens gilt das für jene Emigranten Gesagte auch für einige der Autoren, welche Ende der siebziger Jahre die DDR verlassen hatten und die dem Land, als es sich veränderte und auflöste, mit einer Erfahrungslücke von zehn gewichtigen Jahren gegenüberstanden. Eine Gruppe achtbarer und qualifizierter Autoren rief nach der Gegengründung einer «Freien Akademie der Künste Berlin» in dem Sinn, wie einst in Berlin-Dahlem die Freie Universität «als Gegenpol zur kommunistischen Humboldt-Universität» gegründet worden war.

Einer der Initiatoren einer solchen Gründung sah die auf die Zwei-Länder-Akademie zusteuernde Westberliner Akademie als Erfüllungsgehilfen eines Kultursenators, der ihr eine «Hauruck-Vereinigung» aufdränge. Der Vorwurf galt demselben Senator, der 1991 versucht hatte, die Ost-Akademie auf dem Verordnungsweg abzutun, und der dann einsehen mußte, daß fünfeinhalb Nachfolgeländer der DDR die Rechtsträger einer Institution waren, die unter dem – obschon löchrigen – Schutz jener Einheitsvertrags-Bestimmung stand, welche die Erhaltung der kulturellen Substanz der DDR mit verfassunggebender Mehrheit zur nationalen Gesetzespflicht erhoben hatte.

Ein der CDU angehörender Landespolitiker, der in Westberliner Zeiten als Parlamentspräsident amtiert hatte, ging bei einer parlamentarischen Anhörung so weit zu erklären, «uns» (er meinte damit offenbar Teile seiner Fraktion) werde «kotzübel», wenn er den Namen des Westberliner Akademiepräsidenten höre – ein Ausdruck, den er nachmals ebenso mit Bedauern zurücknahm wie der Kultursenator seine zornbebende Bemerkung, die Debatte habe ihn an die Art und Weise erinnert, wie vor 1933 die Nazis linke «Kulturbolschewisten» attackiert hätten. Unter denen, die sich hier ereiferten, waren indes weder Kommunisten noch Nazis auszumachen; es war, als ob die Geschichte noch einmal (oder schon wieder?) Macht über Geister und Nicht-Geister gewänne, die ihrem Bann längst entrückt schienen.

Im Bewußtsein der Opponenten der neuen Akademie-Gründung malte sich die Szene, als ob die Übernahme einer schon vorab kommunistisch unter- und überwanderten West-Akademie durch eine sich zur vollständigen Machtergreifung rüstende Ost-Akademie unmittelbar bevorstünde: Deutsche Künstler, wahrt eure heiligsten Güter!

Wahrt sie, so die Besorgnis, vor allem vor einem so gefährlichen Agenten des – tückischerweise verschwundenen – Weltkommunismus wie Heiner Müller, dem von der staatsfrei gewordenen Ost-Akademie 1990 zum Präsidenten gewählten Dramatiker, dem die entspannungsbedürftige DDR-Regierung ein Jahr vor ihrem Untergang die Verleihung des westdeutschen Büchnerpreises mit einem Nationalpreis I. Klasse quittiert hatte. Um bedrängte Kollegen vor Repressalien zu bewahren, hatte er sich nicht gescheut, Kontakte mit dem Staatssicherheits-Ministerium aufzunehmen, obgleich er zwanzig Jahre lang selbst ein bevorzugtes Objekt von MfS-Nachstellungen gewesen war, vor denen ein wachsender internationaler Ruhm ihn nachmals sichergestellt hatte.

Dem zum «Oberzyniker» ernannten Nothelfer ging es wie jener Dramenfigur, deren Unschuld ihr Verbrechen war. Heiner Müllers eigentliches Verbrechen aber war seine nie ermüdende und manchmal fehlgehende Schlagfertigkeit; der potentielle Akademie-Neugründer im Berliner Westen fragte, an die Jens-Akademie gerichtet, mit erhobener Stimme: «Wird jemand wie Heiner Müller etwa ausgeschlossen?»

Eine Stimmung ging um, als wäre das «Plattmachen» der Freien und Frontstadt Berlin durch kommunistische Verbände kaum noch aufzuhalten; es war, als ob ein Teil der Weststadt sich angesichts einer keineswegs fraglosen, aber nach dem Übergehen anderer Möglichkeiten alternativlosen Vereinigungsprozedur in jene Hoch-Zeit des Kalten Krieges zurückversetzte, dessen Überwindung doch eigentlich Wesen und Signatur der neuen Epoche ausmachte. Der furchtbare Verdacht drängte sich auf, daß vielleicht auch damals, in der Zeit schwerwiegender politischer Weichenstellung, der Wahn, die Einbildung, der Wille zur Furcht die Lage verdorben habe und nicht die Beschaffenheit der Wirklichkeit.

Bei alledem war die Verwirrung nicht einseitig. Im Dezember 1991 hatten die Mitglieder der Ost-Akademie nach langem Zögern eine als juristischer Vorgang einzigartige und als menschlicher Vorgang strapaziöse Umbildungswahl vorgenommen. Ihr Ziel war es, die Mitgliedschaft in der Akademie auf eine strikt demokratische Prozedur zu stützen, ihr Ergebnis war die Verminderung einer Mitgliederzahl, deren Höhe (etwa hundertzwanzig) im Hinblick auf eine Vereinigung mit der West-Akademie mit ihren 270 in- und ausländischen Mitgliedern auf starke Vorbehalte gestoßen war. Bei dieser Reduktionswahl hatten sich die Mitglieder der DDR-Akademie (sie waren bis 1989 sowohl gewählt wie regierungsbestätigt) zu Wahlmännern einer neuen Mitgliedschaft ernannt, die aus der alten nach dem Kriterium hervorgehen sollte, daß jedes neue Mitglied mehr als die Hälfte der Stimmen der anwesenden alten Mitglieder erhalten müsse; wer sich der Wahl versagte, war automatisch nicht mehr Mitglied.

Diese Wahl reduzierte die Mitgliederzahl der alten, 1990 nicht unerheblich erweiterten DDR-Akademie, die sich seit dem 3. Oktober 1990 *Akademie der Künste zu Berlin* nannte, um fast die Hälfte. Von den mehr als sechzig Mitgliedern, die daraus hervorgingen (nach einigen Austritten und dem Tod von Gret Palucca und Gerhard Kettner waren es zweiundsechzig), waren einundzwanzig zugleich Mitglieder der West-Akademie, darunter neun ehemalige DDR-Bürger (Beyer, Braun, Carow, Goldmann, Hein, Hermlin, Kohlhaase, Matthus, Müller). Von den einundvierzig, die dies nicht waren, hatten vier (Bausch, Degenhardt, Staeck, Thate) ihren Wohnsitz im Westen. Im näheren oder ferneren Vorfeld dieser Wahl waren zweiundzwanzig Mitglieder ganz verschiedener Kontur und Motivation aus der Ost-Akademie ausgetreten. Als nach dieser Wahl die West-Akademie mit großer Mehrheit der Fusion zustimmte, verlor sie durch Austritt sechsundzwanzig ihrer Mitglieder, vor allem aus dem Bereich der bildenden Kunst. Es liegt im Wesen von Vereinigungsprozessen, daß sie nicht ohne Verluste abgehen; ein solcher Verlust waren auf der einen Seite die Austritte von Kunert, Kunze oder Heiliger wie auf der andern Seite die von Hacks, Mikkel oder Quevedo. Viele von ihnen werden den Weg in die neue Kongregation finden.

Die Um- und Neuwahl der Mitglieder der *East Side Academy* behob einen konstitutiven Defekt der alten DDR-Akademie, in deren Mitgliedswahlen sich die die Majorität aller Sektionen kontrollierende Staatspartei immer wieder eingemischt hatte. Um die Einbeziehung von Schriftstellern, Malern, Komponisten, Film- und Theaterleuten zu erreichen, die als oppositionell galten, wie etwa Volker Braun oder Christa Wolf, Friedrich Goldmann oder Friedrich Schenker, hatten die Sektionen parteihörige Künstler in Kauf nehmen müssen (und in Kauf genommen), die die Zuwahl politisch balancierten.

Die Regierung traktierte die Akademie in einer Weise, als handle es sich um den Vorstand einer mächtigen politischen Körperschaft; sie maß künstlerischen Kongregationen offenbar dieselbe Bedeutung bei wie einer politischen Organisation. Das Verfahren folgte aus der Schwäche der Gesamtkonstruktion, angesichts derer die Protagonisten der Macht anscheinend befürchteten, daß selbst geringfügige Gleichgewichtsverschiebungen in öffentlichkeitsnahen Bereichen das Ganze zum Einsturz bringen könnten. Die Tragigroteske der Biermann-Ausbürgerung hatte dieselbe Wurzel; daß der Oppositionskommunist anfing, in Kirchen zu singen, war für die Spitze der Parteimonarchie offenbar eine politische Gefahrenquelle derselben Dimension wie der Mordterror der RAF für das Bewußtsein des Bonner Staates.

Was die Kritiker des Ergebnisses jener Umwahl vom Dezember 1991 übersahen, war, daß der konstitutive Fehler der alten DDR-Akademie nicht zu beheben war, indem man ihn invers imitierte, durch eine Auslese, die die negative Meßlatte politischer Gefügigkeit oder die positive der Ungefügigkeit an die Neuwahl anlegte. Eine so ausgerichtete Prozedur hätte, abgesehen von ihrer praktischen Undurchführbarkeit, das Regime der Diktatur seinem Wesen nach reproduziert; zu diesem Wesen gehörte es, die Wahlregularien der Demokratie als «formale Demokratie» abzutun und Demokratie statt dessen nach substantiellen Gesichtspunkten zu bestimmen, die sich leicht unter den Druck der Opportunität setzen lassen. Nur der strikt formale Akt einer Neuwahl nach dem Mehrheitskriterium konnte demokratischen Anforderungen Genüge tun.

Auch dem Präsidenten der West-Akademie war diese Situation nicht ganz deutlich geworden; so entgegnete er Angriffen auf die anstehende Vereinigung mit dem Hinweis darauf, daß die Ost-Akademie am 9. Dezember 1991 «in freien und geheimen Wahlen» der «Bedingung» der West-Akademie nachgekommen wäre, sich von «politisch belasteten Mitgliedern» zu trennen. Das war unstimmig, denn wie hätte die

Wahl frei sein können, wenn sie einer Bedingung unterstanden hätte; es war mißverständlich nicht nur gegenüber jenen Künstlern, die erst 1990, nach der DDR-Revolution, Mitglied der Akademie geworden und ein Jahr später wohl vor allem deshalb nicht neu gewählt worden waren, weil sie den Mitgliedern anderer Sektionen – man wählte plenar, über Spartengrenzen hinweg – nicht hinlänglich bekannt geworden waren. Zugleich waren einige hochrangige Funktionäre – die Verbandspräsidenten Kant und Bellag und der langjährige Akademie-Präsident Wekwerth, der, wie Kant, zugleich ZK-Mitglied gewesen war – zu neuen Mitgliedern gewählt worden; so war die Ansicht, man habe sich bei der Umwahl von «politisch belasteten Mitgliedern» getrennt, im einzelnen leicht zu erschüttern. (Kant und Bellag legten ihre neugewonnene Mitgliedschaft nachmals nieder.) Zu erschüttern aber war vor allem die Vorstellung, daß eben dies, die vorschriftsmäßige Trennung der Ost-Akademie von «politisch belasteten Mitgliedern», noch ein demokratischer Akt hätte sein können. Walter Jens, der dem Irrtum erlegen war, revidierte sich wenig später.

Im Umkreis der Umwahl, die jene quantitative Reduktion und – aufs Ganze gesehen – qualitative Verdichtung vollzog, die der Akademie-Präsident Jens als Indiz der Reform und Voraussetzung einer Symbiose beharrlich eingefordert hatte, war dem Dirigenten der West-Akademie eine andere Fehlformulierung entschlüpft, die die Debatte noch beherrschte, als sie schon längst ad acta gelegt war: das Wort von der En-bloc-Übernahme der Mitglieder der Ost-Akademie in die Reihen der West-Akademie. Der Terminus, ein gefundenes Fressen für alle Widersacher, aber auch für statutenkundige Juristen, war irreführend, schon als er geprägt wurde, denn mit jener Umwahl des Dezembers 1991 hatte sich der Block der alten Ost-Akademie-Mitglieder selbst aufgeschmolzen. Der Terminus wurde vollends hinfällig, als 1992/93 die Gründung der Zwei-Länder-Akademie Kontur gewann, mit Zustimmung der West-Akademie, die das Vorhaben im Februar 1992 mit Zweidrittelmehrheit guthieß, und im Gleichlauf mit der Auflösung der DDR-Akademie, die außer des Votums ihrer Mitglieder der parlamentarischen Ratifizierung durch alle Nachfolgeländer der DDR bedurfte.

Die Stimme des Landes Brandenburg band sich an den Abschluß eines Staatsvertrags mit dem Land Berlin, der die Zwei-Länder-Akademie ins Leben rief als eine Neugründung, die den institutionellen Bestand der Westberliner Akademie übernahm und die Archive der beiden Berliner Akademien in Form einer Stiftung miteinander vereinigte. Das intendierte Gebilde unterliegt einer im Turnus von drei Jahren wechselnden Staatsaufsicht durch beide Länderregierungen, es gibt sich eine Satzung, die der Zustimmung der beiden Kulturministerien bedarf, und wird durch ein Gesetz begründet, mit dessen Ratifizierung das der Westberliner Akademie zugrundeliegende Gesetz formell zu bestehen aufhört. Als Gründungsmitglieder der neuen Akademie fungieren die zweihundertsechsundfünfzig Mitglieder der alten Westberliner und die verbliebenen zweiundsechzig Mitglieder der Ostberliner Akademie, die es als Institution seit dem 30. April 1993 nicht mehr gibt.

Diese zweiundsechzig Mitglieder, von denen einundzwanzig auch Mitglieder der Westberliner Akademie waren, werden in die letztere nicht übernommen, sondern bilden *mit* deren Mitgliedern die Gründungsmitglieder der neuen Akademie. Also keine Übernahme, sondern eine Vereinigung, eine Fusion, die etwas Neues darstellt: a + b = c. Gleichwohl wurde mit dem Irrwort von der En-bloc-Übernahme, das Walter Jens längst berichtigt und zurückgenommen hatte, immer noch ein polemisches Spiel getrieben, als müsse man die Sache mit einem falschen Namen nennen, da der richtige nicht düster genug klingt. Die Sprachverwirrung spiegelte die Gedankenverwirrung; eine deutsche Vereinigung, die als Übernahme des kleinen und schwachen durch den großen und reichen Teil erfolgte, wird auf einem Gebiet, wo wenigstens intentionell nach eingreifenden Veränderungen und nichts weniger als paritätisch, tatsächlich so etwas wie Vereinigung stattfindet, als Übernahme denunziert, um angreifbar zu werden.

Eine Prozentrechnung zeigt, in welchen quantitativen Relationen der Vorgang sich abspielt. Nur 12,5 Prozent, also ein Achtel der Fusionsakademie, sind das, was man reine Ostmitglieder nennen könnte – solche, die als DDR-Bürger bis einschließlich 1990 in die DDR-Akademie gewählt wurden und nicht schon Mitglied der West-Akademie sind, die ihrerseits 2,4 Prozent reine Ostmitglieder in die Gesamtakademie einbringt, sieben Künstler (Böttcher, Fries, Hirschmeier, Kirsten, Lachenmann, H. Misselwitz, Plenzdorf), die bis 1990 DDR-Bürger mit DDR-Wohnsitz waren und nicht der Ost-Akademie angehören. Die Ost-Akademie ihresteils bringt 1,3 Prozent reine West-Mitglieder in die Gesamtakademie ein, vier

West-Bürger ohne Mitgliedschaft in der West-Akademie: Bausch, Degenhardt, Staeck, Thate. Zwei Berliner Akademien zeigen sich, die wie Yang und Yin die andere Seite jeweils schon in sich tragen; die Fusion besiegelt ein Aufeinander-Zugehen, das partiell schon vor 1990 eingesetzt hatte.

Daß Berlin, die lange geteilte Stadt, sich als *Laboratorium der Einheit* bewähren müsse, war nach dem Oktober 1990 Erkenntnis und Vorsatz der Stadtregierung. In all seinen Wirrnissen hat der Prozeß der Akademie-Vereinigung diese Bestimmung erfüllt; daß es dabei eher wie in einem Alchimistenkeller zuging als in der modernen Chemie, widerlegt das Bild nicht. In dieser archaischen Experimentierstube mußte eine sich zu Kontrolleuren der West-Akademie aufschwingende Gruppe von Abgeordneten sich von Julius Posener, dem neunzigjährigen Architekten und Remigranten, sagen lassen: «So haben es die Nazis gehalten, so die Kommunisten.»

In diesem sonderbaren Braukeller ging es zu wie in Schillers «Taucher»: «Und es wallet und siedet und brauset und zischt / wie wenn Wasser mit Feuer sich mengt.» Zischen und Brausen muteten auf weiten Strecken an, als hätten die Akteure sich jenes Honekker-Wort zu Herzen genommen, wonach Kapitalismus und Sozialismus sowenig vereinbar seien «wie Feuer und Wasser».

Der entrückte Staatslenker hat niemals enthüllt, welche der beiden Seiten er mit dem Feuer und welche er mit dem Wasser assoziierte, aber es war nicht schwer, dem erleuchtenden oder verzehrenden, züngelnden oder entflammenden Westwesen das Feuer und dem alle Fortbewegung schwerfällig hemmenden, sich löschend auf alle Flammen legenden Ostbetrieb das Wasser zuzuordnen.

Was in einer bestimmten Phase der Berliner Akademie-Symbiose den Prozeß lebhaft verstärkte, war die Intervention eines Politikers, der von Amts wegen mit einer Ländersache wie dieser nichts – oder nur ganz von weitem – zu tun hatte, des Bundeskanzlers Helmut Kohl. Sein einem Zeitungsartikel über «Berlin – Hauptstadt des vereinten Deutschlands» anvertrauter Unmut, der den Opponenten in den Reihen der Berliner CDU deutlichen Auftrieb gab, kam überraschend, denn Kompetenzüberschreitungen sind nicht der Brauch dieses erfahrenen Regenten. Des Kanzlers Einspruch gegen die von ihm vorausgesetzte En-bloc-Aufnahme hob einen mit vielen provinziellen Aufgeregtheiten behafteten Vorgang von regionaler Bedeutung auf die Ebene bundespolitischer Relevanz, obschon nicht Zuständigkeit; man kann dies verschieden auslegen.

Wenn der Kanzler, dem zusammen mit seinem langjährigen Außenminister das historische Verdienst zukommt, die sowjetische Armee zum friedlichen, ja freundschaftlichen Abzug aus Deutschland bewogen zu haben, in der Neugründung einer Berlin-Brandenburgischen Akademie der Künste unter Einbeziehung von 14 Prozent früherer DDR-Akademiker (unter denen ein einziger dem strengen Blick politischer Oberaufsicht als belastet erscheinen kann, eben dieser aber berief als Intendant des Berliner Ensembles die politisch entscheidende Großdemonstration des 4. November 1989 ein) einen kulturpolitisch untragbaren Akt erblickt, so kann man darin ein gewisses Schuldbewußtsein erblicken. Dies mag daher kommen, daß der Kanzler im Jahre 1987 dem obersten Repräsentanten der DDR alle Ehren eines Staatsgastes erwies und das Bestehen des andern deutschen Staates nach einer langen Periode der offenen Bekämpfung und einer folgenden kühleren Nachbarschaft damit in aller Form beglaubigte.

Es ist denkbar, daß dieser Vorgang, der in dem von beiden Politikern, dem Kanzler und dem Staatsratsvorsitzenden, im Garten des Bonner Regierungssitzes abgenommenen Hymnenspiel und Flagge-Zeigen gipfelte, dem damaligen und jetzigen Regierungschef als etwas in einem ganz persönlichen Sinn Revisionsbedürftiges vor Augen steht, als etwas, das er abarbeiten müsse, indem er alles, was die mindeste Ähnlichkeit mit jener exemplarischen Zeremonie deutsch-deutscher Feuer-und-Wasser-Parität hat, verfolgen und unterbinden helfe, sich auf jenen Standpunkt zurückversetzend, dessen Überwindung in Fortsetzung sozial-liberaler Orientierung seine besondere und folgenreiche Leistung war: den Alleinvertretungs- und Nichtanerkennungsstandpunkt der Adenauerzeit.

So könnte es sein, und wenn es so ist, so wäre der Selbstvorwurf zu entkräften, als eine Verkennung der geschichtlichen Kausalität unter dem Druck einer gründlich veränderten Lage, gleichsam als ein Zurückspiegeln der Folgen hinter die Ursache. Die retrospektive Kritik übersieht und vergißt, daß es genau jene Adenauer-Politik der Ausgrenzung und Nichtanerkennung des deutschen Ost-Staates – den man damals noch in Mitteldeutschland ansiedelte – war, was der von der Sowjetunion inaugurierten und von der SED beherrschten Staatsgründung Bestand gab; und daß es genau die Brandt-Schmidt-Genscher-Kohlsche

Politik der Anerkennung historischer wie politischer Gegebenheiten war, was diesem Staat das Wasser abgrub, nicht zuletzt dort, wo das Wasser vor allem herkam, bei der auf westdeutschen Revanchismus traumatisch fixierten Sowjetunion.

Darum folgte dem Bonn-Besuch Erich Honeckers der Zusammenbruch des Honecker-Regimes im Abstand von kaum mehr als zwei Jahren ebenso folgerichtig wie der Abweisung aller ostdeutschen Konföderationsvorschläge durch die westdeutsche Regierung der Bau der Mauer, und es wäre absurd und gefährlich, diese Friedenspolitik, nachdem sie im umfassenden Sinn des Wortes gesiegt hat, im nachhinein zu verleugnen und vor sich selbst und andern zu einer bloß taktischen Wendung zu erklären, nach deren Erledigung man innenpolitisch zu dem Bewußtsein der fünfziger Jahre zurückkehren könne.

Die deutsche Nachkriegsentwicklung erweist sich, wenn man sie mit den Augen Europas ansieht, das von Hitlers Krieg unterworfen und versklavt wurde, als folgerichtig nach beiden Seiten, der Spaltung Deutschlands im Magnetfeld zweier Weltmächte wie der Aufhebung dieser Spaltung nach dem Zusammenbruch des Magnetfeldes, dessen Kosten erdrückend geworden waren. Wenn man sich, mit Fleiß verkennend, daß die deutsche Einheit das Resultat einer langjährigen, alte Fehler behebenden Anerkennungspolitik war und auf einem Vertrag zwischen zwei souveränen demokratischen Staaten beruht, die ihre je eigene, höchst unterschiedliche Geschichte haben, den endlich gewonnenen Frieden dazu dienen ließe, neuen Unfrieden zu schüren, indem man die Grundlagen des eigenen Tuns revidiert, so ginge man den Weg der Paradoxie und Wirklichkeitsflucht; auf ihm müssen sich die Diskrepanzen notwendig vermehren.

Wirklich schlimm aber wäre es, wenn man dergleichen nicht aus einer denkbaren Selbstverunsicherung, sondern aus politischem Kalkül täte, die Gräben alter und ihrer Substanz nach hinfällig gewordener Konfrontationen neu aushebend, um von den Folgen des Leichtsinns abzulenken, mit dem westdeutsche Regierungspolitik sich selbst und andere über die Komplikationen des Vereinigungsprozesses betrog. Wenn man die Kommunisten, die es in der Gestalt, die bei vielen aus lang zurückliegender Erfahrung haftet, nicht einmal mehr im Umkreis westdeutscher K-Gruppen gibt, neu erfinden zu müssen glaubte, um wieder über den inneren Feind zu verfügen, mit dessen Erscheinung man von den eigenen Fehlern und Irrtümern ablenken kann.

Das Versagen des deutschen Bürgertums im 20. Jahrhundert wurzelt in einer Haltung der Furcht und des schlechten Gewissens, die in Zeiten der Krise das Gefühl eigenen Versagens auf eine lautstark über ihre Schwäche hinwegtäuschende Minorität abwälzte, die man zum Urheber allen Übels stempelte, nicht bloß aus taktisch-demagogischen Gründen, sondern von wirklicher Furcht getrieben, die der Reflex mangelnden Selbstbewußtseins war. So lieferten die deutschen Eliten 1933 die Macht einer in ihrem mörderischen Habitus vollkommen kenntlichen Figur aus, die ihnen Schutz vor 17 Prozent kommunistischen Reichstagswählern versprach, einer nichts weniger als aktionsfähigen Masse. Und so machte man, nachdem die Sache furchtbar schiefgegangen war und die Heere der Sowjetunion an Elbe und Werra standen, siebzehn Millionen Deutsche zu Geiseln des Sicherheitsbedürfnisses eines beinahe überrollten Rußlands, um sich die Angstvorstellung zu ersparen, daß die in der sowjetischen Zone nach der Macht greifenden deutschen Kommunisten ihre Hand auf den fast viermal so großen Westen legen könnten.

Der Monopolsozialismus, dieser Wechselbalg aus europäischer Gesellschaftsanalyse und asiatischer Staatskonstruktion, hat in Europa den Kreis seiner Staatsgründungen durchmessen. Er hat sich selbst ad absurdum geführt; die Vorstellung, hier lauere in Gestalt eines kommunistischen Bodensatzes ein innerer Feind, dem es vorsorglich zu begegnen gelte, verkennt das kathartische Desaster, das Glauben und Hoffnung, Hingabe und Disziplin einer Bewegung erschütterte, die ihre weltrevolutionäre Intention schon lange nurmehr fiktiv im Schilde führte. Alte Kampflinien neu zu ziehen, indem man den Anschein erweckt, als wäre ein Sieg auszukosten, der nur errungen werden konnte, weil man der Idee des Sieges abgeschworen hatte, und dies zu tun, um eigene Ratlosigkeit zu beschwichtigen, eigenes Versagen zu überspielen, wäre eine denkbar prekäre Politik; sie stellte sich in die Unheilslinie eines Jahrhunderts.

Vestigia terrent, die Spuren schrecken – gegenwärtige wie die der Geschichte. Doch sowenig es im großen ganzen eines bedrohten Einigungsprozesses ausgemacht ist, daß falsche Rückgefühle und gefährliche Fiktionen Oberhand gewinnen, sowenig ist es dies in dem Musterfall der Berlin-Brandenburgischen Akademie-Vereinigung. Wahrscheinlicher ist, daß der Dampf sich verzieht und dem staunenden Auge in der Phiole der akademische Homunculus erscheint, den schon seine unglaubliche Masse (er hat die Erdenschwere von zweihundertsiebenundneunzig Mitgliedern) vor Luftsprüngen bewahren wird.

So mag von der Berliner Akademie, dem Produkt einer langgezogenen Alchimie, gelten, was von der deutschen Einheit, diesem gefährdeten Kind, im ganzen zu hoffen ist. Einer jener in Ost und West, an Main und Ilm gleichermaßen beheimateten deutschen Poeten hat es beschrieben, der den west-östlichen Divan für eine künstlerisch ganz natürliche Sitzgelegenheit ansah: «Wenn sich der Most auch ganz absurd gebärdet / es gibt zuletzt doch noch e' Wein.»

. . . und wie soll es weitergehen?

Richard Schröder

Erstens: Strafverfolgung sollte eingeschränkt werden auf diejenigen Verbrechen, durch die Menschen unmittelbar an Leib und Gut geschädigt worden sind und ferner auf kriminelle Bereicherung. Nur für diese Delikte sollte die Verjährungsfrist verlängert werden.

Zweitens: West-Spionage von DDR-Bürgern dürfte nicht verfolgt werden, da Ost-Spionage von Bundesbürgern auch nicht verfolgt wird. Denn im Unterschied zu denjenigen Bundesbürgern, die ihre Treuepflicht verletzten, als sie dem Staatssicherheitsdienst geheime Unterlagen zugänglich gemacht haben, haben diejenigen DDR-Bürger, die für ihren Staat im Westen Spionage betrieben haben, nicht ihr Land verraten. Die Strafandrohung befördert zudem eine ungute Solidarisierung der Betroffenen und erschwert die Aufdeckung der Strukturen.

Drittens: Die Stasi-Überprüfungen müssen als Einzelfallprüfung mit korrekter Würdigung der Umstände durchgeführt werden.

Viertens: Für die Stasi-Überprüfungen sollte ein

Ende vorgesehen werden, am besten 1995, damit Stasi-Belastete für die Wahlen 1994 nicht kandidieren können. Die Überprüfung im öffentlichen Dienst, in den Parlamenten und Kirchen ist dann im wesentlichen durchgeführt worden. Von da ab müßten wir zur Normalität zurückkehren und uns unser Urteil über die Eignung einer Person für eine bestimmte Tätigkeit auf den normalen Wegen, wie sie bei westlichen Bewerbern üblich sind, bilden. Mögliche Stasi-Verwicklungen liegen dann mindestens fünf Jahre zurück. Dem Einwand, daß da einige durchschlüpfen können, muß entgegnet werden, daß fünf Jahre genügen, um sich zu ändern und daß diese Zeit auch genügt, um sich ein Urteil über eine Person zu bilden. Die Alternative hieße: die Stasi-Überprüfungen fortsetzen, bis die heutige Generation ausgestorben ist.

Fünftens: Auch für Stasi-Verwicklungen muß es eine Verjährung geben. Was zu weit zurückliegt, begründet für sich genommen nicht das Urteil, daß der Betreffende heute für eine bestimmte Aufgabe nicht geeignet ist. Obwohl Vergleiche immer hinken, kann daran erinnert werden, daß mancher westliche Student um 1968 an strafbaren Handlungen beteiligt war oder einer Gruppierung mit bedenklicher Zielsetzung und konspirativen Methoden angehört hat, ohne daß ihm das heute noch zugerechnet wird. Und das ist gut so.

Sechstens: Auch bei außerordentlichen Kündigungen aufgrund von Stasi-Verwicklungen gibt es Grenzfälle. Die Belastung erscheint manchmal gerade eben groß genug, um zu kündigen. Deshalb sollte nach einer angemessenen Frist eine Neubewerbung möglich sein – selbstverständlich ohne Präjudiz.

Siebtens: Manchmal wird eine Kündigung ausgesprochen, weil eine für sich genommen geringfügige Stasi-Verwicklung auf dem Fragebogen verschwiegen worden ist. Man sagt dann: 1991 konnte Ehrlichkeit erwartet werden. Günter de Bruyn hat einmal beschrieben, wie sehr die eigene Erinnerung von dem abwich, was die Akten belegten. Gewiß gibt es auch diejenigen, die bis zuletzt wider besseres Wissen leugnen. Es gibt aber auch diejenigen, die ihren Stasi-Kontakt nicht als «Zusammenarbeit», also als moralisch verwerfliches Tun verstanden haben und deshalb ihre Kotnakte mit dem MfS nicht deklarierten. Manchmal wird die Erinnerung auch durch die Scham verwischt. Der Begriff «Verdrängung» ordnet dergleichen allzu schnell den Fehlleistungen zu.

Achtens: Wenn Opfer von Inoffiziellen Mitarbeitern der Stasi in Zivilprozessen finanzielle Entschädigung verlangen für das, was die Stasi ihnen aufgrund ihrer Denunziation zugefügt hat, erscheint der IM als Ursache des Schadens und die Stasi nur als Mittel. In Wahrheit war es umgekehrt.

Neuntens: Der öffentliche Umgang mit der DDR-Vergangenheit muß sich ändern. Stasi-Akten gehören in die Behörde des Bundesbeauftragten. Der illegale Handel mit Stasi-Akten ist objektiv anstößig. Die Betroffenen vor laufender Kamera mit ihrer Akte, die sie selbst noch nie gesehen haben, zu konfrontieren, erinnert an Stasi-Methoden; auch dann, wenn der Betroffene tatsächlich belastet ist. Veröffentlichungen aus Stasi-Akten sollten grundsätzlich nur zusammen mit Stellungnahmen der Betroffenen statthaft sein.

Die Zivilcourage einzelner verlangt Respekt. Sie kann aber nicht als Norm gesetzt werden. Es darf im vereinigten Deutschland nicht anrüchig sein, ein überzeugter DDR-Bürger gewesen zu sein. Es darf auch nicht anrüchig sein, «den Sozialismus» unter den damaligen Umständen der Desinformation und Isolation für ein großartiges Menschheitsprojekt gehalten zu haben – das, wie die meisten heimlich hinzufügten, leider schlecht durchgeführt wurde.

Die DDR-Bürger dürfen nicht für die Diktatur selbst haftbar gemacht werden. Es darf also nicht dazu kommen, daß diejenigen diskreditiert werden, die nicht die DDR verlassen haben. Es gab verständliche und auch respektable Gründe – trotz allem – zu bleiben.

Es darf nicht die einfache SED-Mitgliedschaft als anrüchig gelten, während die Mitglieder der fusionierten Blockparteien ihre Parteimitgliedschaft als Entnazifizierungszeugnis betrachten können. Das kritische Potential war in der SED nicht schwächer als in den Blockparteien. Ressentiments dürfen weder gefördert noch bestärkt werden. Sie gefährden im schlimmsten Falle die Einigung und die Demokratie.

Zehntens: Als das Saarland 1956 mit der Bundesrepublik Deutschland vereinigt worden ist, wurde folgender Text als Anlage 1 dem Saarvertrag beigefügt:

Art. 1 (1) «Keine ... Person ... darf ... wegen der politischen Haltung, die sie bis zum Zeitpunkt des Inkrafttretens dieser Vereinbarung zur Saarfrage bekundet hat, durch irgendwelche allgemeinen oder besonderen Maßnahmen der öffentlichen Gewalt in ihren Rechten beeinträchtigt werden.»

Art. 1 (2) ... Handlungen, die sich auf Urkunden, Akten oder sonstige politischen Zwecken dienende Gegenstände beziehen sowie die Verletzung von Amtspflichten, Beleidigungen und Körperverletzungen im politischen Meinungsstreit dürfen weder strafrechtlich noch disziplinarisch verfolgt werden, wenn sie vor dem 1. Juni 1956 aus Gründen der politischen Haltung begangen worden sind, die eine ... Person zur Saarfrage bekundet hat.»

Das Saarland hatte keine Diktatur, die vierzig Jahre lang die Menschen einsperren, desorientieren und instrumentalisieren konnte.

Wir brauchen eine Versöhnung, zwischen Ost und Ost ebenso wie zwischen Ost und West. Die Gegensätze zwischen Ost und Ost sind die härteren. Die entscheidenden Schritte dabei müssen die Opfer tun. Wir dürfen die Chance der Freiheit nicht durch kleinliches Aufrechnen vertun. Wir dürfen nicht immer weiter die Schlachten von gestern schlagen. Dort wo es ohne Schaden möglich ist, müssen wir barmherzig sein. Denn am 3. Oktober 1990 soll doch eine neue Ära begonnen haben.

Opus justitiae pax, Gerechtigkeit soll Frieden schaffen.

Dr. Marion Gräfin Dönhoff, geb. 1909, Publizistin, seit 1972 Herausgeberin der Wochenzeitung «DIE ZEIT»

Dr. Peter Bender, geb. 1923, Journalist und Publizist, seit 1970 Korrespondent des WDR in Berlin

Friedrich Dieckmann, geb. 1937, Ostberlin, Essayist, Buchautor, Dramaturg

Adam Michnik, geb. 1946, polnischer Historiker und Politiker, bis 1990 im Bürgerkomitee Solidarność, heute Chefredakteur der polnischen Tageszeitung «Gazeta Wyborzca»

Heleno Saña, geb. 1930, spanischer Schriftsteller, Verfasser zahlreicher philosophischer und historischer Werke

Friedrich Schorlemmer, geb. 1944, Theologe und Politiker, Mitbegründer der Bürgerbewegung «Demokratischer Aufbruch» (1989) in der ehemaligen DDR, seit 1990 Mitglied der SPD

Prof. Dr. Richard Schröder, geb. 1943, Theologe und Politiker, Professor an der Humboldt-Universität, Berlin

Rudolf von Thadden, geb. 1932, Professor für neuere Geschichte in Göttingen. Directeur d'Études an der Pariser École des Hautes Études.

Prof. Dr. Uwe Wesel, geb. 1933, Rechtswissenschaftler und Hochschulpolitiker, seit 1969 Professor an der FU Berlin